Dr. Bodo Rödel, Anja Tüngler

Herausgeber: Bernd Biermann

Gesprächsführung

Unterrichtsthemen aus Sozialpflege und Sozialpädagogik

1. Auflage

Bestellnummer 40478

Bildungsverlag EINS

Haben Sie Anregungen oder Kritikpunkte zu diesem Buch?
Dann senden Sie eine E-Mail an 40478_001@bv-1.de
Autoren und Verlag freuen sich auf Ihre Rückmeldung.

Inhaltsverzeichnis

www.bildungsverlag1.de

Bildungsverlag EINS GmbH
Hansestraße 115, 51149 Köln

ISBN 978-3-427-**40478**-1

1 Warum Gesprächsführung?

In der Jugendeinrichtung „Zahnrad" wurde gemeinsam gekocht. Jetzt sollen die Jugendlichen natürlich auch aufräumen und abwaschen. Es entwickelt sich folgender Dialog zwischen dem Erzieher Herrn Müller und dem Jugendlichen Tom:

Herr Müller: „Tom, du bist heute dran mit Abwaschen!"

Tom: „Wir haben aber nur ‚Spüli' als Waschmittel und kein ‚Kröte'."

Herr Müller: „Gestern musste ich auch schon alleine spülen, weil sich alle verdrückt haben. Feiern könnt ihr alle, aber wenn es ans Aufräumen geht seid ihr Drückeberger!"

Tom: „Aber Sie wissen doch auch, dass ‚Spüli' nicht gut für die Umwelt ist. Das ‚Kröte'-Spülmittel ist biologisch abbaubar."

Herr Müller: „Wieso denkt ihr eigentlich, dass ich euch immer alles hinterhertragen muss?"

Tom: „Umweltschutz ist Ihnen wohl egal? Wenn alle so denken würden, hätten wir bald kein sauberes Wasser mehr!"

→ *Waren Sie auch schon einmal in solch ein Gespräch verwickelt?*
→ *Was glauben Sie läuft in diesem Gespräch „schief"?*

Dieses kurze Beispiel zeigt, dass Gespräche richtig schlecht verlaufen können. Gerade aber in pädagogischen/sozialen Arbeitsfeldern sind die Mitarbeiter darauf angewiesen, sich professionell mit ihrem Gegenüber verständigen zu können. Das Gespräch ist sozusagen das wichtigste Handwerkszeug im pädagogischen Bereich, Gesprächsführung wird deshalb auch als Schlüsselqualifikation bezeichnet. Ähnlich, wie ein Kfz-Mechaniker mit seinem Werkzeug umgehen können muss, sollten Berufstätige in diesem Bereich über „Werkzeuge" verfügen, um Gespräche zu führen.

■ **Schlüsselqualifikationen sind Qualifikationen, die für die Berufsausübung unbedingt notwendig sind.** ■

Aristoteles 384–322 v. Chr.

Um Gespräche erfolgreich führen zu können, muss man zunächst wissen, wie Gespräche überhaupt ablaufen – genauso, wie ein Kfz-Mechaniker wissen muss wie ein Auto funktioniert. Außerdem muss der Sprecher die Werkzeuge kennen, mit denen er einem Gespräch die gewünschte Richtung geben kann.

Das Nachdenken darüber, wie Gespräche und Kommunikation funktionieren, ist schon sehr alt. Bereits der griechische Philosoph Aristoteles dachte darüber nach. Seine Gedanken fasste er in einem Buch mit dem Titel „Rhetorik", das ist Griechisch und bedeutet „die Redekunst", zusammen.

Bevor wir genauer darüber nachdenken, wie Gespräche funktionieren, müssen wir uns zunächst darüber verständigen, was genau mit „Gespräch" gemeint ist.

■ **Ein Gespräch ist eine Aneinanderreihung von sprachlichen Äußerungen von mindestens zwei Personen. Den Äußerungen liegt ein Thema zugrunde und sie sind wechselseitig ausgerichtet, d. h. auf eine Äußerung des einen Gesprächsteilnehmers folgt eine Erwiderung des anderen, die sich auf die erste bezieht usw.** ■

Gleichbedeutend mit dem Begriff Gespräch wird häufig der Begriff „Kommunikation" benutzt. Dieser kann ganz einfach folgendermaßen definiert werden:

■ **Kommunikation bezeichnet die Verständigung von Menschen.** ■

Der Begriff Kommunikation wird häufig verwendet, um zum Ausdruck zu bringen, dass Verständigung nicht nur über Sprache erfolgen kann, sondern auch über Zeichen, Symbole, Signale usw.

1. *Ist bei Ihnen schon einmal ein Gespräch „schief gelaufen"? Versuchen Sie den Gesprächsverlauf kurz aufzuschreiben.*

2. *Weiter oben wurde der Begriff „Gespräch" definiert. Überlegen Sie eine eigene Definition!*

3. *Spielen Sie in Ihrer Klasse folgende Gespräche nach: Zwischen Eltern und Kindern zum Thema „Taschengelderhöhung", Lehrern und Schülern zum Thema „Stören im Unterricht", Chef und Mitarbeiter zum Thema „Gehaltserhöhung". Wie verlaufen die Gespräche? Enden sie im Streit, oder gibt es eine Einigung? Warum? Versuchen Sie Gründe aufzuschreiben*

1.1 Gesprächsführung als Schlüsselqualifikation

Im Rahmen der beruflichen Ausbildung ist die Fähigkeit kompetent Gespräche zu führen eine wichtige Schlüsselqualifikation zur Erlangung von Handlungskompetenz, besonders im Bereich der Sozialpflege und Sozialpädagogik.

■ **Handlungskompetenz bezeichnet die Fähigkeit/Bereitschaft, Qualifikationen die erworben wurden selbstständig und eigenverantwortlich im beruflichen (aber auch im gesellschaftlichen und privaten) Handeln einzusetzen.** ■

Die Handlungskompetenz selbst kann aufgeteilt werden in:
- → Sach-/Fach- und Methodenkompetenz: die Fähigkeit spezifisches Fachwissen zur Verfügung zu haben und anwenden zu können
- → Human-/Selbstkompetenz: die Fähigkeit sein eigenes Handeln kritisch und reflektiert wahrzunehmen und zu Veränderungen bereit zu sein
- → Sozialkompetenz: die Fähigkeit Kontakte zu anderen Menschen herstellen und gestalten zu können

Literaturtipps:
Schleicher, Susann: Blickpunkt Sozialpflege, 2. Auflage, Troisdorf, Bildungsverlag Eins, 2009.
Böcher, Hartmut (Hrsg.): Erziehen, bilden und begleiten, Troisdorf, Bildungsverlag Eins, 2010.

1. Recherchieren Sie im Internet, was der Begriff „Kompetenz" genau bedeutet! Dokumentieren Sie ihr Ergebnis.

____

____

____

____

2. Diskutieren Sie: Welche Rolle kommt der Gesprächsführung als Schlüsselqualifikation unter den verschiedenen Aspekten der Handlungskompetenz zu?

Gesprächsführung als Schlüsselqualifikation bedeutet als...		
Sach-/Fach- und Methodenkompetenz	**Human-/Selbstkompetenz**	**Sozialkompetenz**
______	______	______
______	______	______
______	______	______
______	______	______
______	______	______
______	______	______

1.2 Faktoren, die ein Gespräch beeinflussen

Gespräche werden durch viele unterschiedliche Faktoren positiv oder negativ beeinflusst:

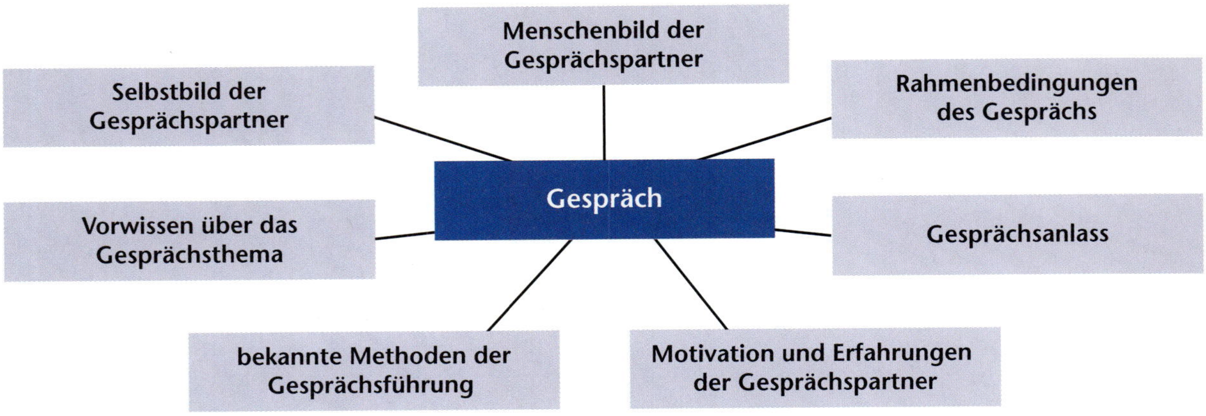

Grundsätzlich sollte dabei immer bedacht werden, dass die Wirklichkeit von allen Menschen unterschiedlich interpretiert wird. Denken Sie an das altbewährte Beispiel vom halbvollen bzw. halbleeren Wasserglas. Für einen optimistisch denkenden Menschen ist das Wasserglas halbvoll, ein eher pessimistischer Mensch sieht ein halbleeres Glas.

Auch folgende Geschichte zeigt, dass sich die Wirklichkeit verändert, je nach dem, wie man sie interpretiert:
In einem Wald in der Nähe von Linz geht das Gerücht um, der Bär habe eine Todesliste. Alle fragen sich, wer da wohl draufstehen mag. Schließlich nimmt der Hirsch allen Mut zusammen und fragt den Bären: „Sag einmal, stehe ich auch auf deiner Liste?“ – „Ja,“ sagt der Bär, „auch dein Name steht auf meiner Liste.“ Voller Angst läuft der Hirsch davon. Zwei Tage später wird er tot aufgefunden. Entsetzen macht sich überall breit. Der Keiler hält die Ungewissheit, wer als nächster dran sein wird, nicht mehr aus und fragt den Bären, ob er auch auf der Liste stehe. „Ja,“ sagt der Bär, „auch du stehst auf meiner Liste.“ Der Keiler sucht schleunigst das Weite. Zwei Tage später wird er tot aufgefunden. Nun bricht Panik unter den Waldbewohnern aus. Allein der Hase wagt es noch, den Bären aufzusuchen. „Bär, steh ich auch auf der Liste?“ – „Ja, auch du stehst auf der Liste.“ – „Kannst du mich da streichen?“ – „Ja klar, kein Problem!“

(Quelle: Dr. Werner Stangl, Institut für Pädagogik und Psychologie, Johannes Kepler Universität Linz, abgerufen unter: http://arbeitsblaetter.stangl-taller.at/KOMMUNIKATION/default.shtml [01.05.2011])

Miteinander reden!

■ Gerade in pädagogischen Zusammenhängen gibt es nicht nur die eine „Wahrheit“. Je nach Sichtweise kann derselbe Zusammenhang ganz unterschiedlich bewertet werden. ■

1. *In der Grafik auf S. 6 wurden bereits einige Faktoren genannt, die Gespräche beeinflussen können. Wie können sich diese positiv oder negativ auf ein Gespräch auswirken?*

Einflussfaktor	Auswirkungen auf das Gespräch
Eigenes Menschenbild/ das Menschenbild des Gegenübers	Positiv:
	Negativ:
Vorwissen über das Thema	Positiv:
	Negativ:
bekannte Methoden, der Gesprächspartner	Positiv:
	Negativ:
Motivation/ Erfahrungen der Gesprächspartner	Positiv:
	Negativ:

Einflussfaktor	Auswirkungen auf das Gespräch
Selbstbild	Positiv:
	Negativ:
Rahmenbedingungen des Gesprächs	Positiv:
	Negativ:
Gesprächsanlass	Positiv:
	Negativ:

2. *Fallen Ihnen noch weitere Faktoren ein?*

2 Menschen zu überzeugen ist schwierig

Die 17-jährige Jasmin arbeitet seit zwei Wochen als Praktikantin in einem Altenpflegeheim. In den letzten Tagen hat sie oft mit Frau Grass – einer eigentlich eher mürrischen dementen Patientin – Zeit verbracht und festgestellt, dass diese immer „aufblüht" und fröhlich von ihrer Zeit als Kellnerin in einem Münchner Kaffeehaus zu erzählen beginnt, wenn ihre Zimmernachbarin Frau Koch nachmittags einen Kaffee bekommt. Frau Grass selbst darf wegen Bluthochdrucks keinen Kaffee trinken und bekommt einen Früchtetee.

Gern möchte Jasmin der Stationsleitung den Vorschlag machen, Frau Grass nachmittags einen entkoffeinierten Kaffee statt des Tees zu bringen, weil sie glaubt, der Kaffeeduft ist der Auslöser für die nachmittägliche gute Laune der Patientin. Doch wie soll sie als neue und junge Praktikantin die erfahrene, strenge und stets beschäftigte Stationsleiterin von ihrer Idee überzeugen?

→ *Wann haben Sie zum letzten Mal versucht, jemanden von Ihrer Meinung zu überzeugen? Haben Sie es geschafft?*

→ *Führen Sie in der Klasse das Gespräch von Jasmin und der Stationsleiterin als Rollenspiel durch. Kann Jasmin die Stationsleiterin von Ihrer Idee überzeugen?*

Besonders in sozialen Berufsfeldern stellt es eine große Herausforderung dar, Meinungen zu ändern und Menschen zu überzeugen, da pädagogisches Handeln leicht als Belehrung missverstanden werden kann. Stets sollte bedacht werden, dass Menschen grundsätzlich bestrebt sind, ihre Freiheit zu bewahren. Werden Gespräche als Einschränkung von Freiheit erlebt, kann dies zu Widerständen führen.

■ **Das Fachwort für Widerstand in pädagogischen Zusammenhängen ist Reaktanz.** ■

Beispiel: *Der Vater Karl sagt zu seinem Sohn Benjamin: „Du kannst jetzt nicht Fernsehen schauen, du schreibst doch morgen eine Klassenarbeit. Geh in dein Zimmer und übe dafür!" Darauf Benjamin: „Lass mich in Ruhe. Ich weiß selbst, dass ich noch lernen muss!"*

Der Vater hat die Freiheit seines Sohnes eingeschränkt. Obwohl Benjamin vielleicht derselben Meinung ist wie sein Vater Karl, reagiert er mit Widerstand. Reaktanz tritt aber nicht nur dann auf, wenn Verhaltensweisen eingeschränkt werden. Auch wenn in einem Gespräch versucht wird, das Gegenüber von der eigenen Meinung zu überzeugen, kann dies als Einschränkung der Freiheit empfunden werden. So führt die eigene Überzeugungsarbeit oftmals genau zum Gegenteil – Psychologen bezeichnen dies als Bumerang-Effekt.

Leider werden eigentlich wohlwollende Wünsche oftmals als deutliche Aufforderungen formuliert, die dem Gegenüber keine Wahl lassen. Was Vater Karl möchte – was er sich wünscht – ist, dass sein Sohn für die Arbeit lernt, damit er eine gute Note bekommt und später einen guten Schulabschluss macht. Was er sagt, klingt aber anders.

Beispiel: *Vater Karl: „Du gehst jetzt sofort nach oben und übst für deine Klassenarbeit!"*

Solche Aufforderungen schränken die Freiheit des Gegenübers oftmals noch stärker ein und führen fast schon zwangsläufig zu einem Widerstand.

Der Vater Karl könnte seine Aufforderung zu einem wirklichen Wunsch umformulieren, um eine positivere Reaktion zu erhalten. Der Sohn wird einem Wunsch viel eher nachkommen als einer Aufforderung im Befehlston.

Beispiel: *Vater Karl: „Ich fände es ganz toll, wenn du jetzt für deine Klassenarbeit lernen würdest."*

Ob Meinungen oder Verhaltensweisen geändert werden, hängt auch davon ab, wie der jeweilige Gesprächspartner bewertet und wahrgenommen wird. Grundsätzlich folgt man Menschen, von denen man eine hohe Meinung hat eher, als Menschen die man – egal aus welchem Grund – negativ bewertet. Wichtig ist vor allem auch die Glaubwürdigkeit des Gesprächpartners. Je glaubwürdiger ein Gegenüber eingeschätzt wird, desto eher nimmt man dessen Meinung an.

Eine weitere wichtige Rolle spielt auch das Selbstwertgefühl desjenigen der seine Meinung/sein Verhalten ändern soll. Je geringer das Selbstwertgefühl ist, desto eher befürchten diese Menschen, dass sie schlecht behandelt, betrogen oder hintergangen werden. Also sind sie im Gespräch eher skeptisch und wenig bereit, Argumente zuzulassen und neue Sichtweisen anzunehmen.

Literaturtipps:
Münnich, Sibylle: Basiswissen Soziale Kompetenz, Troisdorf, Bildungsverlag Eins, 2010.
Dieterich, Jörg: Basiswissen Erzieherische Verhaltensweisen, Troisdorf, Bildungsverlag Eins, 2010.

1. *Erinnern Sie sich an ein Gespräch mit Eltern, Verwandten oder Kollegen, in dem Sie sich „eingeschränkt" gefühlt haben? Warum? Beschreiben Sie die Situation.*

____

____

____

____

____

____

2. *Was versteht man unter einem Bumerang-Effekt? Was hat dieser Effekt mit einem Bumerang[1] zu tun?*

____

____

____

____

____

3. *Formulieren Sie folgende Aufforderungen zu Wünschen um.*

Aufforderung	**Wunsch**
„Steh endlich auf!"	______________________________ ______________________________
„Gib mir auch mal die Zeitschrift!"	______________________________ ______________________________

[1] *Ein Bumerang ist ein flaches gebogenes Wurfinstrument (Sportgerät) aus Holz, dass, wenn man es auf die richtige Weise durch die Luft von sich fortschleudert, zum Werfer zurückkehrt.*

Aufforderung	Wunsch
„Komm doch endlich aus dem Bad!“	______ ______
„Raus aus meinem Zimmer!“	______ ______
„Los, mach den Abwasch!“	______ ______

3 Wie funktioniert Kommunikation?

Um in der Lage zu sein, Gespräche professionell zu führen, sollte man zunächst verstehen, wie Kommunikation grundsätzlich funktioniert. Dafür gibt es verschiedene Erklärungsmodelle, die unterschiedliche Schwerpunkte setzen und somit unterschiedliche Aspekte von Kommunikation erklären können. Dem Psychologen Kurt Lewin (1890–1947) wird der Ausspruch zugeschrieben „Nichts ist praktischer als eine gute Theorie.“ Damit ist gemeint, dass man mit einem guten theoretischen Hintergrundwissen, z. B. über den Prozess der Kommunikation, gezielter und damit wirkungsvoller in der Praxis arbeiten kann. Deshalb ist es wichtig unterschiedliche Kommunikationsmodelle zu kennen.

Kurt Lewin (1890–1947)

Ein sehr einfaches Modell von Kommunikation sieht so aus: Ein Sender (Sprecher) sendet eine Nachricht an einen Empfänger (Zuhörer). In unserem Beispiel vom Anfang (siehe S. 3) „sendet“ Herr Müller also eine Nachricht an Tom.

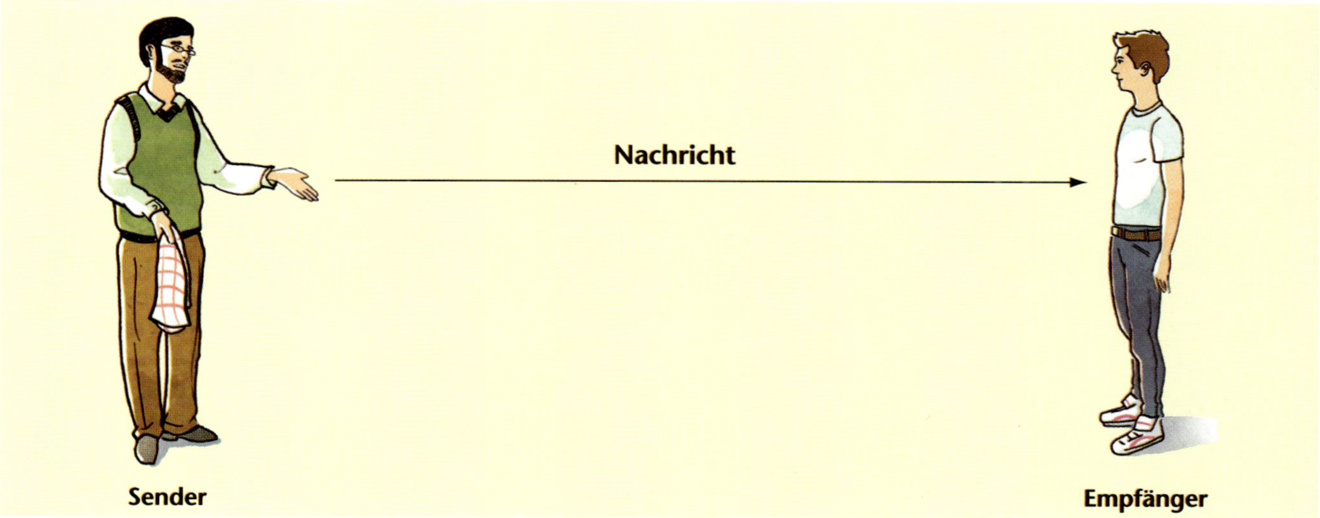

Sender-Empfänger-Modell

Natürlich lässt sich dieses Modell noch erweitern, da der Empfänger (Tom) auf die Nachricht des Senders reagiert. Er sendet ebenfalls eine Nachricht zurück an den Sender Herrn Müller:

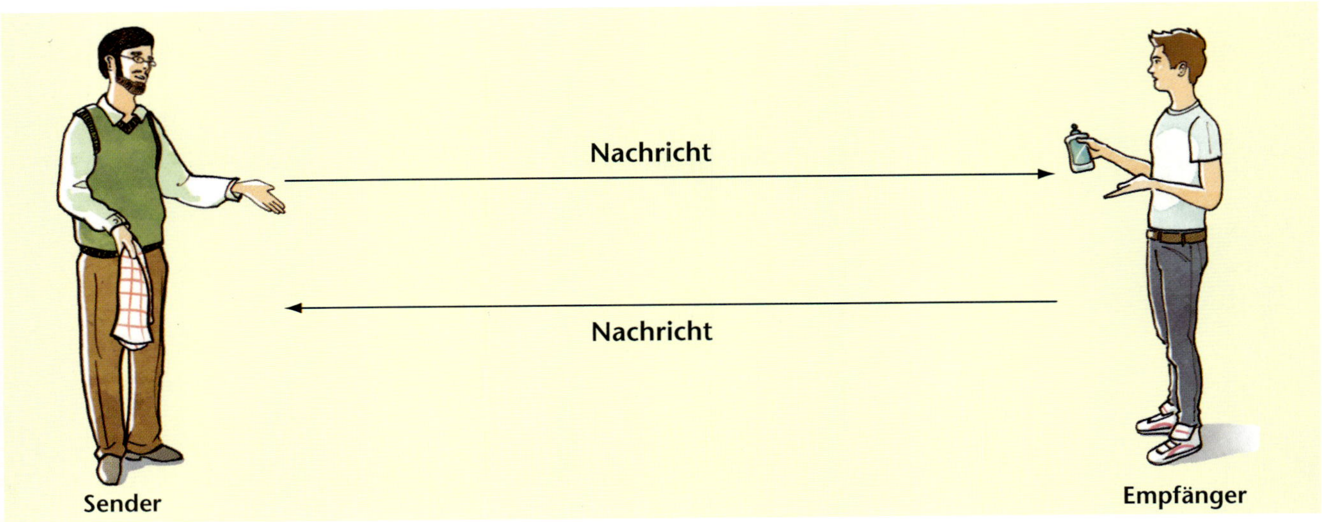

Erweitertes Sender-Empfänger-Modell

Ursprung des Sender-Empfänger-Modells

Schnell wird deutlich, dass dieses sogenannte Sender-Empfänger-Modell den Ablauf von Kommunikation sehr vereinfacht beschreibt. Die Missverständnisse, wie sie im Beispiel von Tom und Herrn Müller auftreten, lassen sich mit diesem Modell nur schwer erklären, da offensichtlich einige Aspekte von Kommunikation noch nicht berücksichtigt wurden. Da das Sender-Empäger-Modell ursprünglich aus der Mathematik stammt und eigentlich für technische Abläufe entwickelt wurde, verwundert dies nicht weiter.

■ **Das einfachste Erklärungsmodell für Kommunikation ist das Sender-Empfänger-Modell. Bestimmte Aspekte von Kommunikation werden in diesem Modell jedoch nicht erfasst.** ■

1. Recherchieren Sie im Internet: Wer hat das Sender-Empfänger-Modell entwickelt? Wie lässt sich das Modell noch erweitern? Versuchen Sie dies in einem eigenen Schema aufzuzeichnen.

2. Welche Aspekte der Kommunikation werden durch das Sender-Empfänger-Modell Ihrer Meinung nach nicht erfasst?

- ______________________________

____

- ______________________________

____

- ______________________________

____

4 Psychologische Modelle von Kommunikation

Im Verlauf des 20. Jahrhunderts wurden verschiedene Theorien zur Kommunikation entwickelt, die als Modelle besser funktionieren als das Sender-Empfänger-Modell. Diese Theorien gehen davon aus, dass der Verlauf eines Gesprächs nicht „einfach logisch" ist, also wie eine Mathematikaufgabe funktioniert. Der Gesprächsverlauf ist vielmehr „psycho-logisch" zu erklären. Das griechische Wort „Psyche" bedeutet „Seele" oder „Gemüt". Zum Ausdruck gebracht werden soll damit, dass Gesprächsverläufe abhängig sind von der Befindlichkeit der Teilnehmer, ihren Stimmungen, Gemütslagen, Meinungen und Erfahrungen.

■ **Eine wichtige Basis zwischenmenschlicher Kommunikation ist Psychologie – nicht nur Logik.** ■

4.1 Das Eisberg-Modell

Gut zum Ausdruck gebracht wird diese Idee durch das sogenannte „Eisberg-Modell". Dieses Modell geht davon aus, dass das, was man in einem Dialog hört („Tom, du bist heute dran mit Abwaschen!") und selbst sagt, nur der offen sichtbare Teil der Kommunikation ist. Wie bei einem schwimmenden Eisberg ist der überwiegende Teil aber unter der Wasseroberfläche versteckt, also nicht sichtbar.

Dabei wird von den Vertretern dieser Theorie davon ausgegangen, dass nicht nur ein Teil der Kommunikation nicht sichtbar ist – sondern sogar der weit überwiegende Teil. Die hörbare Nachricht wird dementsprechend nur als kleine sichtbare Spitze des Eisbergs angesehen.

Sigmund Freud (1856–1939)

Das Eisberg-Modell geht zurück auf den österreichischen Psychologen Sigmund Freud, den Begründer der Psychoanalyse. Freud ging davon aus, dass die Menschen im Wesentlichen durch Triebe gesteuert werden, die ihnen nicht bewusst sind und sehr häufig in Verbindung mit sexuellen Wünschen stehen. Da die Sexualität zu Lebzeiten Freuds in der Öffentlichkeit ein Tabuthema war und dementsprechend „unterdrückt" wurde, ist verständlich, dass er ihr solch eine starke Wirkung zuschrieb. Die moderne Psychologie konnte allerdings viele Annahmen Freuds nicht bestätigen und steht ihnen sehr kritisch gegenüber.

■ **Das Eisberg-Modell geht davon aus, dass nur ein kleiner Teil der Kommunikation für die Beteiligten offen und „sichtbar" ist. Der größere Teil bleibt verborgen.** ■

Literaturtipps:
Zimmer, Dieter. E.: Tiefenschwindel, Berlin, Rowohlt, 1998.
Roth, Gerhard: Persönlichkeit, Entscheidung und Verhalten: Warum es so schwierig ist, sich und andere zu ändern, Stuttgart, Klett-Cotta, 2008.

Überlegen Sie welche Gesprächsanteile in unserem Anfangsbeispiel auf S. 3 für das jeweilige Gegenüber nicht offen sichtbar sind. Denken Sie zum Beispiel an: Vorerfahrungen, politische Einstellungen, Stimmungen, private Probleme, Zuhörer, Umgebung usw.

Nicht sichtbar für Herrn Müller	Nicht sichtbar für Tom
„Tom, du bist heute dran mit Abwaschen!"	______
______	„Wir haben aber nur ‚Spüli' als Waschmittel und kein ‚Kröte'."
„Gestern musste ich auch schon alleine spülen, weil sich alle verdrückt haben. Feiern könnt ihr alle, aber wenn es ans Aufräumen geht seid ihr Drückeberger!"	______
______	„Aber Sie wissen doch auch, dass ‚Spüli' nicht gut für die Umwelt ist. Das ‚Kröte'-Spülmittel ist biologisch abbaubar."

Nicht sichtbar für Herrn Müller	Nicht sichtbar für Tom
„Wieso denkt ihr eigentlich, dass ich euch immer alles hinterher tragen muss?“	______________________ ______________________ ______________________ ______________________ ______________________
______________________ ______________________ ______________________ ______________________ ______________________	„Umweltschutz ist Ihnen wohl egal? Wenn alle so denken würden, hätten wir bald kein sauberes Wasser mehr!“

4.2 Die Kommunikationstheorie von Paul Watzlawick

Der Philosoph und Psychotherapeut Paul Watzlawick beschäftigte sich intensiv mit dem Thema Kommunikation und seine Theorie ist in pädagogischen Berufsfeldern sehr bekannt. Im Zentrum seiner Überlegungen stehen fünf Grundsätze (sogenannte Axiome):

Paul Watzlawick (1921–2007)

1. Menschen können nicht nicht kommunizieren.

Das bedeutet, dass wir uns grundsätzlich immer in einer Kommunikationssituation befinden. Selbst wenn wir z. B. die Hände verschränken und ein Gespräch verweigern, kommunizieren wir.

Beispiel: *Die Mutter Lisa verbietet ihrem sechsjährigen Sohn Philipp, um 20 Uhr noch eine Fernsehsendung zu schauen. Philipp setzt sich in eine Ecke und schmollt. So teilt er seiner Mutter wortlos mit, dass er damit nicht einverstanden ist und sich ärgert.*

2. Jede Kommunikation hat einen Inhalts- und einen Beziehungsaspekt.

Der Inhaltsaspekt bezieht sich auf die mitgeteilte Information, den Inhalt der Kommunikation („Was“ ist die Botschaft?), der Beziehungsaspekt bezieht sich auf die Art und Weise der Kommunikation („Wie“ wird die Botschaft vermittelt?). Der meist nur nonverbal (ohne Worte) vermittelte Beziehungsaspekt bestimmt dabei den verbal (wörtlich) vermittelten Inhaltsaspekt. D. h. Gestik, Mimik und Tonfall des Sprechers lösen beim Empfänger eine bestimmte Reaktion auf das Gesagte aus.

Beispiel: *Nachdem Philipp ein paar Minuten geschmollt hat, baut sich seine Mutter genervt vor ihm auf: „Du bist ja immer noch nicht im Bett?“. Der Inhaltsaspekt ist die reine Feststellung, dass Philipp noch nicht im Bett ist. Die Tatsache dass seine Mutter mit den Händen in die Hüften gestemmt vor ihm steht und ihn mit strenger Stimme anspricht, vermittelt Philipp, dass Sie sehr verärgert ist (Beziehungsaspekt).*

3. Kommunikation hat keine einfachen Ursache-Wirkungs-Mechanismen.

Das bedeutet, dass bei der Kommunikation schwierig ein Anfang oder ein Ende bestimmt werden kann, denn sie ist stetig fließend. Immer wenn ein Kommunikationspartner auf eine Kommunikation reagiert, gestaltet er sie zugleich mit.

Beispiel: *Ein Lehrer an der Berufsfachschule gestaltet seinen Unterricht auf eine sehr monotone und eintönige Art, weil er merkt, dass seine Schüler unaufmerksam sind. Die Schüler passen nicht auf, weil der Unterricht so langweilig ist und der Lehrer nicht in der Lage ist, sie zu begeistern.*

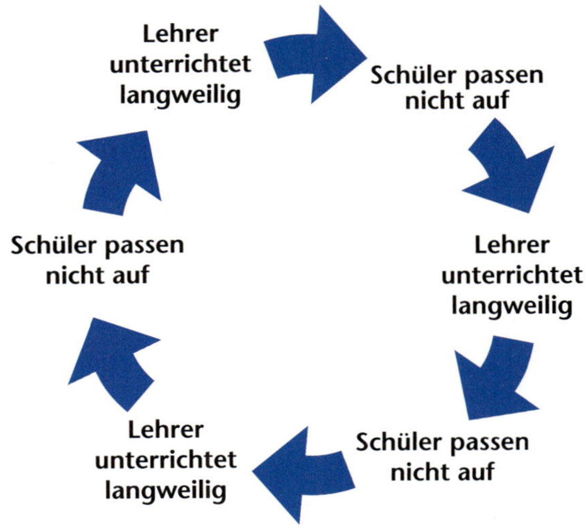

Wer hat angefangen?

4. Menschliche Kommunikation verläuft verbal und/oder nonverbal.

Bei der Kommunikation muss neben dem gesprochenen Wort (verbale Kommunikation) auch das Verhalten (nonverbale Kommunikation) beachtet werden. Watzlawick spricht in diesem Zusammenhang von digitaler (= gesproche Worte) und analoger Kommunikation (= Verhalten). Das Verhalten kann dem Gesagten widersprechen! Beobachtet man Menschen während des Gesprächs genau, so kann man mithilfe der nonverbalen Signale besser „entschlüsseln“ was das Gegenüber mitteilt.

Beispiel: *Bei der Visite im Pflegeheim kann der behandelnde Arzt der Altenpflegerin (verbal) sagen: „Der Verband bei Herrn Wetzel muss gewechselt werden.“ Er kann dies jedoch auch mit einem Blick zur Pflegerin und einem Hindeuten auf den Verband (nonberbal) mitteilen.*

5. Kommunikationabläufe sind entweder symmetrisch (gleichwertig) oder komplementär (ergänzend, unterschiedlich),

je nachdem ob die Beziehungsgrundlage der Kommunikationspartner deren Gleichheit (z. B. bei Kollegen) oder deren Unterschiedlichkeit (z. B. bei Mutter und Kind) ist. In einer symmetrischen Beziehung streben beide Partner nach Gleichheit und sind bemüht, Ungleichheiten zu minimieren. Komplementäre Beziehungen hingegen sind gekennzeichnet durch einen großen Unterschied bezogen auf die Verhaltensweisen oder die Position der Kommunikationspartner. Die Unterschiede ergänzen sich und bestimmen so die Kommunikation.

Beispiel: *Mutter und Vater kommunizieren meist symmetrisch, weil sie – bezogen auf ihre Stellung als Elternteil – auf gleicher Ebene stehen und für ihr Kind dasselbe wollen. Hingegen ist die Kommunikation zwischen Mutter und Sohn komplementär. Sie spricht mit ihrem Sohn anders als mit ihrem Mann. Ihr Sohn wiederum führt ein Gespräch mit ihr anders, als mit Gleichaltrigen.*

Symmetrische Kommunikation

Komplementäre Kommunikation

Paul Watzlawicks Grundsätze basieren auf sogenanntem systemischen und konstruktivistischen Denken.

„Systemisch“ bedeutet, dass es oft nicht einfache Ursache-Wirkungs-Zusammenhänge gibt, sondern ein kompliziertes Geflecht mit unterschiedlichen Ursachen.

Beispiel: *Man könnte sich bei Mutter Lisa und Sohn Philipp fragen: Welche Rolle spielt der Vater? Erlaubt er Philipp vielleicht auch noch spät abends Fernsehen zu schauen? Welche Rolle spielt sein älterer Bruder? Ärgert er Philipp vielleicht damit, dass er immer viel früher ins Bett gehen muss?*

„Konstruktivistisch“ bedeutet, dass Watzlawick davon ausgeht, dass es nur *die* Wirklichkeit gibt, die wir uns selber „konstruieren“ (bauen). Maßgeblich dabei sind die Erfahrungen, die wir in der Vergangenheit gemacht haben. Da jeder andere Erfahrungen gemacht hat, bedeutet dies auch, dass für jeden die Welt ein wenig anders ist.

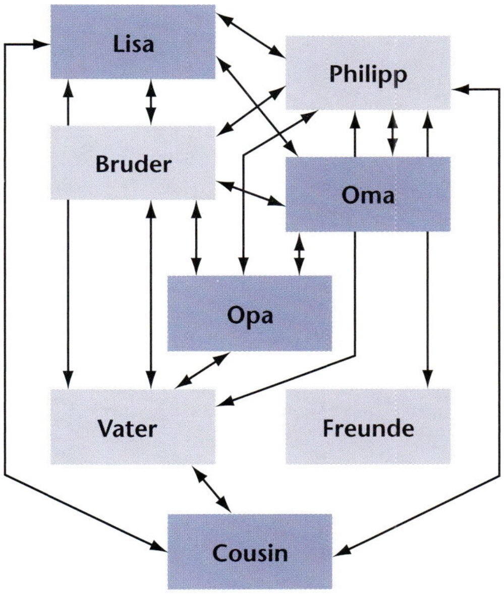

Die Familie als System

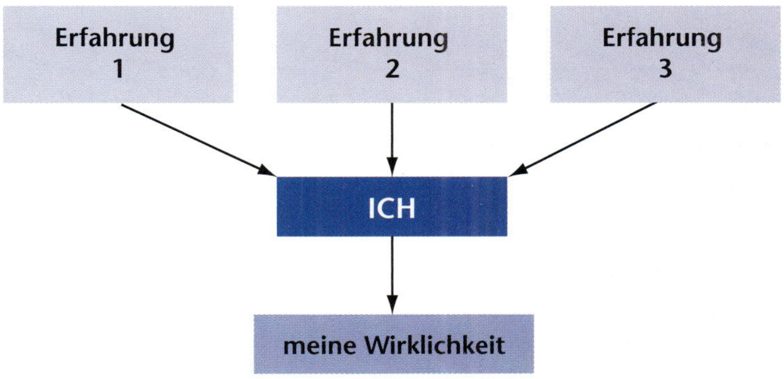

Grundidee des Konstruktivismus

Literaturtipps:
Watzlawick, Paul: Wie wirklich ist die Wirklichkeit. Wahn, Täuschung, Verstehen, 8. Auflage, München, Piper, 2010.
Watzlawick, Paul: Anleitung zum Unglücklichsein, 15. Auflage, München, Piper, 2009.

1. *Geben Sie die fünf Axiome von Paul Watzlawick in eigenen Worten wieder und versuchen Sie weitere Beispiele für jedes Axiom zu finden!*

2. *Lesen Sie noch einmal das Eingangsbeispiel von Herrn Müller und Tom.*

   a) *Ist die Beziehung von Tom und Herrn Müller symmetrisch oder komplementär? Wie beeinflusst das ihre Kommunikation?*

   b) *Wie könnte das Verhalten von Tom und Herrn Müller den Dialog beeinflussen? Spielen Sie den Dialog nach und probieren Sie verschiedene Verhaltensmuster aus: traurig, lustig, ernst, ärgerlich…*

3. *Welche Erfahrungen könnte Tom zum Thema „Abwaschen" gemacht haben? Wie beeinflussen diese seine Wirklichkeit? Wie könnten die Erfahrungen von Herrn Müller zum Thema „Abwaschen" aussehen? Wie beeinflussen diese seine Wirklichkeit?*

4.3 Die Kommunikationstheorie von Friedemann Schulz von Thun

Der Psychologe Schulz von Thun (geb. 1944) entwickelte in den 70er Jahren ein Kommunikationsmodell, das mittlerweile gerade in sozialen/pädagogischen Berufsfeldern sehr bekannt ist. Er verwendet zur Erklärung von Kommunikation das Bild eines Quadrates. Jede Äußerung kann unter den vier Gesichtspunkten des Quadrates betrachtet werden. Diese vier Aspekte sind:

- Sachseite: Hier geht es um sachliche Inhalte (Fakten). „Darüber informiere ich!"
- Selbstkundgabeseite: Hier geht es darum, was der Sprecher von sich zu erkennen gibt. „Das gebe ich von mir preis!"
- Beziehungsseite: Hier geht es um die Beziehung zwischen Sender und Empfänger. „So stehe ich zu dir. Das halte ich von dir!"
- Appellseite: Hier geht es darum, was der Sender beim Empfänger erreichen möchte. „Das sollst du tun!"

Friedemann Schulz von Thun

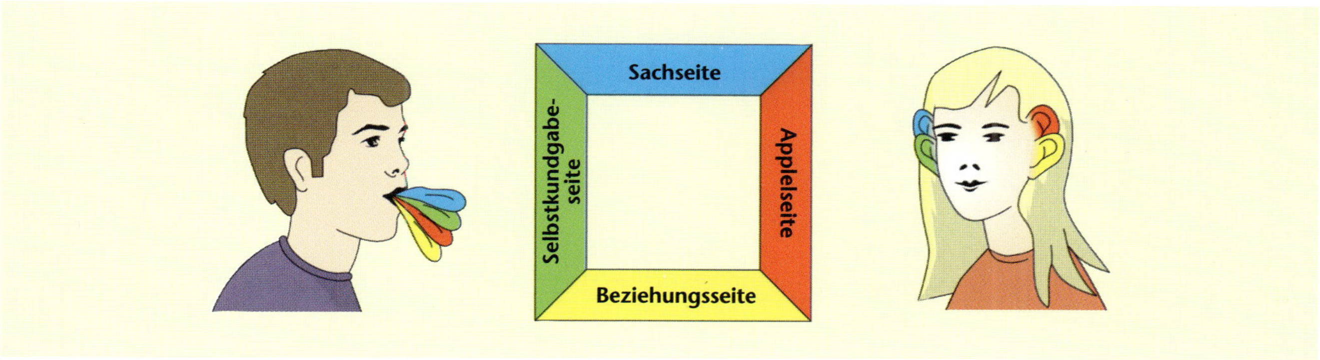

Das Kommunikationsquadrat von Schulz von Thun

Auch die Äußerungen von Herrn Müller und Tom aus dem Eingangsbeispiel haben jeweils vier Seiten. Für die Nachricht des Senders Herrn Müller sieht das Kommunikationsquadrat aus wie folgt:

„Tom, du bist heute dran mit Abwaschen!"

Genauso, wie der Sender eine Nachricht immer mit vier Seiten sendet, die sozusagen immer „mitschwingen", hört auch der Empfänger die Nachricht mit vier „Ohren". Das heißt, er kann die Nachricht unter den vier oben genannten Blickwinkeln verstehen.

- Sachohr: Jemand der mit dem Sachohr auf „Empfang“ ist, hört hauptsächlich Daten und Fakten (den Sachverhalt).
- Selbstkundgabeohr: Wer mit dem Selbstkundgabeohr hört, stellt sich beim Zuhören Fragen wie: Was sagt mir das jetzt über den anderen? Was mag das für einer sein?
- Beziehungsohr: Hier lauscht der Zuhörer hauptsächlich auf die Art der Beziehung, die durch das Gespräch festgelegt wird.
- Appellohr: Hört der Gesprächspartner hauptsächlich mit seinem Appellohr, stellt er sich fragen wie: Was soll ich tun? Was soll ich denken? Was soll ich fühlen?

Für Tom, den Empfänger der Nachricht, könnte das aussehen wie folgt:

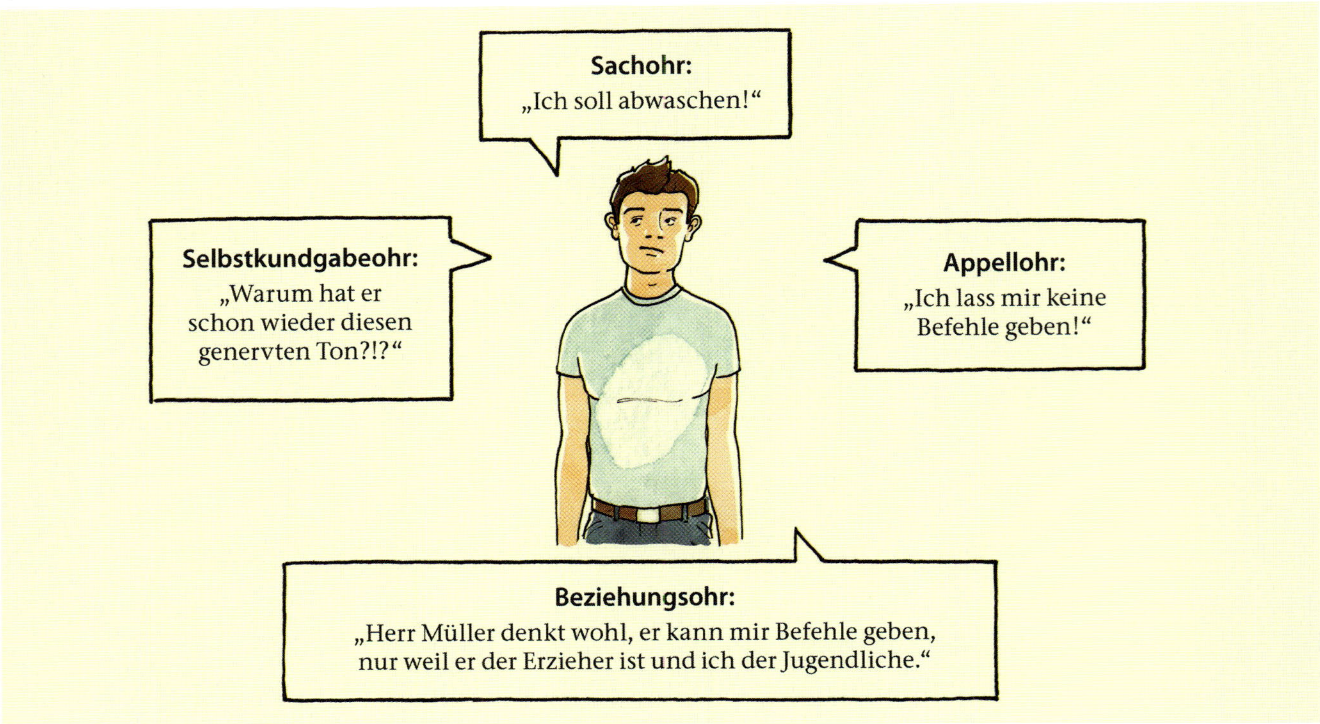

„Wir haben aber nur Spüli als Waschmittel und kein Kröte.“

Probleme in der Kommunikation treten immer dann auf, wenn Sender und Empfänger nicht auf derselben Ebene sprechen oder zuhören. Herr Müller meint mit seiner Nachricht tatsächlich die Sachebene, aber Tom hört diese Nachricht nur mit seinem Beziehungsohr. Mit diesem Modell lässt sich also gut erklären, wieso Menschen „aneinander vorbei reden“, auch wenn Sie über die gleichen Inhalte sprechen.

***Internet-Tipp:** Website von Friedeman Schulz von Thun: www.schulz-von-thun.de*

1. Versuchen Sie für jede Nachricht die vier möglichen Seiten zu beschreiben!

Nachricht	Die vier Seiten der Nachricht
Tom: „Wir haben aber nur ‚Spüli‘ als Waschmittel und kein ‚Kröte‘.“	Sachseite: ____________________ ____________________ Selbstkundgabeseite: ____________________ ____________________

Nachricht	Die vier Seiten der Nachricht
	Beziehungsseite: __________ __________ Appellseite: __________ __________
Herr Müller: „Gestern musste ich auch schon alleine spülen, weil sich alle verdrückt haben. Feiern könnt ihr alle, aber wenn es ans Aufräumen geht seid ihr Drückeberger!“	Sachseite: __________ __________ Selbstkundgabeseite: __________ __________ Beziehungsseite: __________ __________ Appellseite: __________ __________
Tom: „Aber Sie wissen doch auch, dass ‚Spüli‘ nicht gut für die Umwelt ist. Das ‚Kröte‘-Spülmittel ist biologisch abbaubar.“	Sachseite: __________ __________ Selbstkundgabeseite: __________ __________ Beziehungsseite: __________ __________ Appellseite: __________ __________

Nachricht	Die vier Seiten der Nachricht
Herr Müller: „Wieso denkt ihr eigentlich, dass ich euch immer alles hinterher tragen muss?"	Sachseite: __________ __________ Selbstkundgabeseite: __________ __________ Beziehungsseite: __________ __________ Appellseite: __________ __________
Tom: „Umweltschutz ist Ihnen wohl egal? Wenn alle so denken würden, hätten wir bald kein sauberes Wasser mehr!"	Sachseite: __________ __________ Selbstkundgabeseite: __________ __________ Beziehungsseite: __________ __________ Appellseite: __________ __________

2. *Überlegen Sie gemeinsam in der Klasse, in welchen Aspekten sich die Theorien von Watzlawick und Schulz von Thun unterscheiden und in welchen Bereichen sie sich ähnlich sind.*
3. *Diskutieren Sie: Wie können Ihnen beide Modelle in ihrer praktischen Arbeit helfen!*

5 Ausgewählte Kommunikationstechniken

Im Folgenden werden einige Kommunikationstechniken vorgestellt, die in der Praxis helfen können, Gespräche erfolgreich zu führen. Diese Techniken versetzen Sie während eines Gesprächs in die Lage, die richtigen Fragen zu stellen, tatsächlich aufmerksam zuzuhören, gute Anregungen zu geben und das Gespräch zu leiten, ohne beim Gesprächspartner Widerstand hervorzurufen. Die Techniken basieren auf den in Kapitel 4 vorgestellten Theorien.

5.1 NLP – Neurolinguistische Programmierung

Auf Deutsch übersetzt bedeutet NLP soviel wie „das Schaffen neuer Verbindungen zwischen Nerven und Sprache". Damit ist gemeint, dass eingefahrene Reaktionen (Herr Müller ist immer schon genervt von Tom, da er ihn für einen Drückeberger hält) hinterfragt und neu „programmiert" werden. NLP wurde von dem Psychologen Richard Bandler und dem Linguisten (Sprachforscher) John Grinder in den 70er Jahren entwickelt. Seitdem wurden immer wieder neue NLP-Techniken zur Gesprächsführung und zur Analyse von Gesprächen ausprobiert und erforscht. Dabei hat NLP grundsätzlich ein Ziel: erfolgreiche Kommunikation! Die Grundannahmen des NLP sind:

- Das Verhalten von Menschen wird durch innere Prozesse gesteuert.
- Wie Menschen bestimmte Sachverhalte wahrnehmen und wie sie sich verhalten, steht in einem engen Zusammenhang. Daraus folgt: Verändert sich die Sichtweise auf bestimmte Dinge, verändert sich auch das Verhalten.

Die Sichtweise eines Menschen kann aber nur verändert werden, wenn zu ihm ein guter Kontakt entsteht. Dazu benutzt das NLP zwei Techniken: Mitgehen (engl. Pacing) und Führen (engl. Leading).

Beim Mitgehen wird das Verhalten des Gegenübers „gespiegelt". Derjenige, der führen möchte, passt sich also an das Verhalten des Kommunikationspartners an und versucht u. a. dessen Körperhaltung, Sprechgeschwindigkeit und Atemrhythmus nachzuahmen. Die Annahme dahinter ist, dass Menschen, die sich gut verstehen vom Verhalten her ähnlich sind. Besteht ein guter Kontakt zum Gesprächspartner (im NLP nennt man dies Rapport), kann man ihn führen und ihm beispielsweise neue Sichtweisen eröffnen.

Darauf aufbauend gibt es eine Vielzahl von weiteren Techniken (sogenannte Formate), die das NLP einsetzt. Einige bekannte Formate sind:

- Handlungen oder Sichtweisen eine neue Bedeutung geben (engl. Reframing)

Beispiel: *Schülerin Sabine hat Angst vor einer Klassenarbeit, obwohl sie eine sehr gute Schülerin ist. Ihre Mutter sagt zu Sabine am Tag vor der Arbeit: „Weißt du was, versuch doch einfach Spaß beim Lösen der Aufgaben zu haben. Das Ergebnis ist doch eigentlich egal, du wirst doch auf jeden Fall versetzt."*

- das „Ankern" von bestimmten Gefühlen, an bestimmte Handlungen oder Gegenstände

Beispiel: *Die Mutter sagt Sabine sie soll den Haustürschlüssel in die Hand nehmen. Dann soll sie sich damit entspannt auf ihr Bett legen und an ihre letzte schöne Urlaubsreise denken. Dies wiederholen beide mehrmals. Immer wieder soll Sabine an entspannende positive Erlebnisse denken, während sie den Schlüssel fest in der Hand hält. Während der Klassenarbeit hält Sabine dann den Schlüssel auch in der Hand und kann so ruhig und entspannt bleiben.*

→ in die Zukunft denken (engl. Future-Pace)

Beispiel: *Die Mutter bittet Sabine sich auszumahlen wie es sein wird, wenn Sie mit einem „sehr gut" in der Klassenarbeit nach Hause kommt. Was wird ihr Vater dazu sagen, was ihre Oma? Umgekehrt kann Sie sich auch vorstellen, was passiert, wenn Sie mit einem „ungenügend" nach Hause kommt. Wird das wirklich so schlimm sein? Wird sie wirklich ausgeschimpft werden?*

Internet-Tipp: *Deutscher Verband für Neuro-Linguistisches Programmieren e.V. www.dvnlp.de*

1. *Formulieren Sie die Aussagen aus dem Eingangsbeispiel von Herrn Müller und Tom positiv um und geben Sie ihnen so eine neue positive Bedeutung (Reframing).*

Aussagen	Reframing
„Tom, du bist heute dran mit Abwaschen!"	
„Wir haben aber nur ‚Spüli' als Waschmittel und kein ‚Kröte'."	
„Gestern musste ich auch schon alleine spülen, weil sich alle verdrückt haben. Feiern könnt ihr alle, aber wenn es ans Aufräumen geht seid ihr Drückeberger!"	
„Aber Sie wissen doch auch, dass ‚Spüli' nicht gut für die Umwelt ist. Das ‚Kröte'-Spülmittel ist biologisch abbaubar."	
„Wieso denkt ihr eigentlich, dass ich euch immer alles hinterher tragen muss?"	
„Umweltschutz ist Ihnen wohl egal? Wenn alle so denken würden, hätten wir bald kein sauberes Wasser mehr!"	

2. Setzen Sie sich Ihrem Nachbarn gegenüber und unterhalten Sie sich über irgendein Thema (z. B. Was haben Sie letztes Wochenende gemacht? Was ist Ihr Lieblingsfilm?). Sie oder Ihr Nachbar (vorher festlegen) versuchen jetzt zunächst die Körperhaltung des Anderen zu spiegeln. Dann versuchen Sie auch die Sprechweise zu spiegeln (Lautstärke, Geschwindigkeit, Tonhöhe). Schaffen Sie es Rapport herzustellen?

5.2 Partnerzentrierte Gesprächsführung[1]

Die partnerzentrierte Gesprächsführung ist eng mit dem Namen Carl Rogers, einem amerikanischen Psychologen und Psychotherapeuten, verbunden.

Carl Rogers 1902–1987

Rogers beschäftigte sich mit folgenden Fragestellungen:
- Unter welchen Bedingen spricht eine Person von seinem Erleben und seinen Gefühlen?
- Wie kann er sich dabei selber besser verstehen und eventuell sein Verhalten ändern?

Er ging davon aus, dass jeder Mensch sich im Grunde positiv entwickeln möchte, auch während eines Gesprächs. Damit sich diese Entwicklung einstellt, muss derjenige, der das Gespräch führt, Folgendes beachten:
- bedingungslose positive Wertschätzung des Gesprächspartners (Akzeptanz): Damit ist gemeint, dass die Gefühle, Meinungen, Einstellungen und Gedanken zwar wahrgenommen aber nicht bewertet werden.
- einfühlendes Verstehen (Empathie): Damit ist gemeint, dass versucht wird, die Sichtweise des Gesprächspartners zu verstehen und darauf einzugehen.
- Echtheit/Wahrhaftigkeit gegenüber dem Gesprächspartner (Kongruenz): Das bedeutet, dass das, was gesagt wird auch wirklich so gemeint sein muss. Das Verhalten, die Mimik und Gestik, sind stets im Einklang mit dem Gesagten.

Eine wichtige Technik der partnerzentrierten Gesprächsführung ist das **aktive Zuhören**. Wie schon in Kapitel 4 dargestellt, ist der sachliche Inhalt einer Nachricht nur ein Aspekt. „Darunter" liegen oftmals Bedürfnisse, Gefühle und Aufforderungen, die die Beziehung und damit die Kommunikation zwischen Sender und Empfänger beeinflussen. Mit aktivem Zuhören ist gemeint, dass der Empfänger aktiv auf diese versteckten Botschaften Bezug nimmt und diese dem Sender zurückmeldet – ohne sie zu bewerten.

Beim aktiven Zuhören kann man drei Stufen unterscheiden:
1. Der Empfänger signalisiert durch seine Mimik/Gestik und durch kurze Äußerungen grundsätzliches Interesse an dem Gesagten.
2. Der Empfänger wiederholt in eigenen Worten die Botschaft des Senders und überprüft so, ob beide wirklich vom selben Thema sprechen.
3. Der Empfänger gibt die „ungesagten" Gefühlsbotschaften wieder, die nach seiner Meinung in der Nachricht des Senders enthalten sind.

---

[1] Gleichbedeutende Begriffe für diese Form der Gesprächsführung sind „klientenzentrierte Gesprächsführung", „Personenzentrierte Gesprächsführung" oder „nicht-direktive Beratung". Im deutschsprachigen Raum sind die Psychologen Reinhard (geb. 1921) und Anne-Marie Tausch (1925–1983) bekannte Vertreter.

Beispiel: *Frau Mayer sagt zur Erzieherin Frau Hämpel: „Kann ich mit Ihnen kurz über meine Tochter sprechen, sie kommt in letzter Zeit immer traurig aus dem Kindergarten …". Darauf Frau Hämpel: „Gehe ich recht in der Annahme, dass Sie sich große Sorgen machen?"*

Literaturtipp: *Kühne, Norbert: Interaktion als Förderung, in: Praxisbuch Sozialpädagogik Bd. 7, hrsg. v. Norbert Kühne, Troisdorf, Bildungsverlag Eins, 2009, S. 9–34.*

Formulieren Sie zunächst die Nachricht des Senders in anderen Worten, um zu überprüfen, ob Sie vom selben Thema sprechen. Schreiben Sie dann in die zweite Spalte mögliche „ungesagte" Gefühlsbotschaften.

Nachricht	Botschaft in eigenen Worten	mögliche „ungesagte" Gefühle
Herr Müller: „Tom, du bist heute dran mit Abwaschen!"		
Tom: „Wir haben aber nur ‚Spüli' als Waschmittel und kein ‚Kröte'."		
Herr Müller: „Gestern musste ich auch schon alleine spülen, weil sich alle verdrückt haben. Feiern könnt ihr alle, aber wenn es ans Aufräumen geht seid ihr Drückeberger!"		
Tom: „Aber Sie wissen doch auch, dass ‚Spüli' nicht gut für die Umwelt ist. Das ‚Kröte'-Spülmittel ist biologisch abbaubar."		
Herr Müller: „Wieso denkt ihr eigentlich, dass ich euch immer alles hinterher tragen muss?"		
Tom: „Umweltschutz ist Ihnen wohl egal? Wenn alle so denken würden, haben wir bald kein sauberes Wasser mehr!"		

5.3 Ich-Botschaften

Insbesondere die partnerzentrierte Gesprächsführung, aber auch die anderen dargestellten Ansätze, setzen auf die Wirkung von Ich-Botschaften.

■ **„Ich-Botschaften" senden bedeutet: Es wird offen über Gefühle und Wünsche gesprochen, dabei verwendet der Sprecher eine Ich-Formulierung.** ■

Deutlich gemacht wird damit besonders die Selbstkundgabeseite der Nachricht (vgl. Kapitel 4.3). Angenommen wird dabei, dass die in der Regel verwendeten Du-Botschaften eher Widerstände bewirken.

Beispiele für Du-Botschaften sind:
1. Erzieherin zur Kindergruppe: „Ihr seid zu laut!"
2. Lehrer zum Schüler: „Du bist zu spät!"
3. Mutter zum Kind: „Du kannst ja noch immer keine Schleife binden!"

In Ich-Botschaften umformuliert hören sich diese negativen Du-Botschaften so an:
1. „Mir ist es hier zu laut! Ich möchte Euch bitten etwas leiser zu sein!"
2. „Ich fühle mich gestört, wenn du zu spät kommst, da ich dann wichtige Dinge wiederholen muss!"
3. „Ich habe es heute besonders eilig und mir fehlt darum die Geduld auf dich zu warten. Deshalb mache ich das jetzt für dich!"

Finden Sie weitere Beispiele für Du-Botschaften und formulieren Sie diese in Ich-Botschaften um.

Du-Botschaft	...umformuliert in Ich-Botschaft

5.4 Sokratischer Dialog

Sokrates (469–399 v. Chr.)

Der Name „Sokratischer Dialog" bezieht sich auf den griechischen Philosophen Sokrates. Sokrates entwickelte eine besondere Gesprächsform zur Gewinnung philosophischer Erkenntnisse. Heute versteht man darunter einen bestimmten Stil der Gesprächsführung, der das Ziel verfolgt, sein Gegenüber zum Überdenken und dann auch zur Veränderung seiner Meinung zu bringen. Das Gespräch hat dabei zum Ziel, durch Fragen und Antworten die Annahmen, Vorstellungen, Meinungen und Haltungen des Gegenübers infrage zu stellen und ihn so dazu zu bringen über diese nachzudenken. Insbesondere kommen dabei gezielt Fragen zum Einsatz.

Mit solchen Fragen können unterschiedliche Ziele verfolgt werden:
- Es werden Widersprüche zwischen Denken und Handeln deutlich gemacht.
- Es wird geprüft, ob die Annahmen und Vorstellungen mit der Realität übereinstimmen.
- Es wird überprüft, ob die verwendeten Schlussfolgerungen stimmig sind.

Grundvoraussetzung für einen sokratischen Dialog ist natürlich auch hier wieder, dass die Gesprächsteilnahme freiwillig erfolgt und dass eine positive Beziehung zwischen den Gesprächspartnern besteht.

Beispiel

Erzieher: *Du, darf ich Dich fragen, warum Du keine Bewerbungen mehr schreibst?*
Jugendlicher: *Es hat doch keinen Sinn.*
Erzieher: *Was genau hat keinen Sinn?*
Jugendlicher: *Dass ich mich bewerbe.*
Erzieher: *(provokant) Das verstehe ich nicht.*
Jugendlicher: *Es gibt doch so viele Bewerber. Weshalb sollte gerade ich eine Lehrstelle bekommen?*
Erzieher: *Du glaubst also, dass Du keine Chance hast, weil es viele Bewerber gibt, die besser geeignet sind?*
Jugendlicher: *Ja.*
Erzieher: *Woher nimmst Du die Gewissheit, dass sie besser geeignet sein könnten?*
Jugendlicher: *Das denke ich.*
Erzieher: *Habe ich das richtig verstanden: Weil Du denkst, dass es viele Bewerber gibt, die besser geeignet sein könnten und daher eine bessere Chance haben könnten als Du, bewirbst Du Dich nicht mehr?*
Jugendlicher: *Ja.*
Erzieher: *Wie groß ist Deine Chance, eine Lehrstelle zu bekommen, wenn Du Dich nicht mehr bewirbst?*
Jugendlicher: *Sie ist gleich Null.*
Erzieher: *Wenn ich das jetzt alles zusammenfasse, dann wirst Du keine Lehrstelle bekommen, weil Du* ***denkst,*** *dass Du keine Chancen hast und Dich deshalb nicht mehr bewirbst. Ist das richtig?*
Jugendlicher: *Ja.*
Erzieher: *Was möchtest Du? Was ist dein Ziel?*
Jugendlicher: *Ich möchte eine gute Lehrstelle.*
Erzieher: *Was muss man tun, um eine Lehrstelle zu bekommen? Was müsstest Du tun?*
Jugendlicher: *Ich müsste mich bewerben.*
Erzieher: *Das habe ich verstanden. Hilft Dir dein Gedanke: „Ich habe keine Chancen, eine Lehrstelle zu bekommen", dich zu motivieren, Bewerbungen zu schreiben?*
Jugendlicher: *Nein.*
Erzieher: *Welcher Gedanke könnte Dir helfen? Was könntest Du Dir selbst sagen, um Dich zu motivieren?*
Jugendlicher: *...*

(Beispiel aus: Huisken, Gesprächsführung, 2008, S. 109)

6 Feedback geben

Herr Schmitt hat das Gespräch zwischen Herrn Müller und Tom in einiger Entfernung mit angehört. Nachdem Tom gegangen ist, sagt Herr Schmitt zu Herrn Müller: „Also ich fand es unmöglich, wie Sie mit Tom gesprochen haben. So aufzubrausen war total unprofessionell. Und überhaupt: Ihr ganzes Auftreten gegenüber den Jugendlichen finde ich ziemlich ärgerlich in letzter Zeit. Sie sollten sich hier wirklich mal ändern!"

→ *Was halten Sie von der Aussage von Herrn Schmitt?*
→ *Wie wird sich Herr Müller nach dieser „Ansage" fühlen?*

■ Feedback (engl. für Rückmeldung) bezeichnet die Rückmeldung einer Person zum Verhalten einer anderen Person. ■

Menschen geben sich natürlich ständig Feedback, indem sie auf das Gesagte oder auf das Verhalten von Menschen reagieren. Gerade im Zusammenhang mit professioneller pädagogischer Arbeit kann Feedback aber auch gezielt als wirksames Lern-Instrument eingesetzt werden. Dafür müssen jedoch einige Regeln beachtet werden, die sich als besonders sinnvoll herausgestellt haben:

Schüler bei einer Feedback-Übung

- → beschreiben, nicht werten: Derjenige, der Feedback gibt, soll das gemeinte Verhalten so genau wie möglich beschreiben. Es soll dabei weder interpretiert noch bewertet werden.
- → Das Feedback soll sich nicht auf die gesamte Person, sondern auf ein konkretes Verhalten beziehen.
- → Feedback sollte angemessen und brauchbar für den Empfänger sein. Wenn es sich auf ein Verhalten bezieht, welches der Empfänger nicht ändern kann, ist es sinnlos.
- → Wenn von vornherein klar ist, dass der Empfänger sein Verhalten nicht ändern kann, macht Feedback keinen Sinn.
- → Verhaltensänderungen darf derjenige, der Feedback gibt nicht einfordern, er kann sie sich nur wünschen.
- → Feedback muss im zeitlichen Zusammenhang mit dem Verhalten gegeben werden, am besten also direkt nach der Situation. Dabei sollte es eindeutig formuliert sein.
- → Feedback muss sachlich korrekt sein. Außerdem darf es nicht zu umfangreich sein.
- → Feedback sollte neue Gesichtspunkte und Einsichten beinhalten. Selbstverständliches muss nicht wiederholt werden.
- → Der Empfänger muss in der Lage sein, das Feedback annehmen zu können, ansonsten macht das Geben von Feedback keinen Sinn.

■ Positives Feedback geben – wenn möglich auf negatives Feedback verzichten! ■

Auch derjenige, der Feedback bekommt, sollte einige Regeln beachten, um den größtmöglichen Nutzen aus dem Feedback zu ziehen.

- → Derjenige, der Feedback bekommt sollte zuhören und bei Unklarheiten genau nachfragen.
- → Grundsätzlich sollte man sich gegenüber dem Feedbackgeber nicht rechtfertigen und sich nicht erklären.
- → Bevor derjenige, der Feedback bekommt, eventuell mitteilt was er gelernt hat, sollte er die erhaltenen Informationen einige Zeit auf sich wirken lassen.

Neben dem direkten Feedback durch ein Gespräch gibt es auch noch weitere Feedback-Methoden:

1. Blitzlicht

Diese Methode eignet sich besonders für die Arbeit mit Gruppen. Der Reihe nach nimmt jedes Gruppenmitglied kurz zu einer konkreten Frage Stellung. Dabei gilt natürlich die bereits genannte Regel, dass die anderen diese Äußerungen nicht kommentieren dürfen. Ein Blitzlicht spiegelt gut die momentane Stimmungslage in einer Gruppe wieder.

2. Schriftliches Blitzlicht

Eine Minute lang schreiben die Gruppenmitglieder in Stichworten Gedanken und Rückmeldungen zu konkreten Fragen („Wie geht es dir jetzt? Wie fandest du die Diskussion? Was fehlt dir?") auf. Diese Rückmeldungen können dann später als erneute Diskussionsgrundlage dienen.

3. Ärger-Feedback

Im Gegensatz zur genannten Feebackregel, möglichst positives Feedback zu geben, geht es hier darum bewusst negative Gefühle zu äußern. Diese Methode lässt sich besonders dann gut einsetzen, wenn es bereits zu Konflikten und Missverständnissen gekommen ist. Wichtig ist dabei die bewusste Steuerung. Nachdem mitgeteilt wurde, dass es jetzt „Ärger-Feedback" gibt, kann der Gesprächsteilnehmer für einen begrenzten Zeitraum alles sagen, was nach seiner Meinung unbedingt gesagt werden muss. Das Gegenüber hört sich dies an, ohne direkt zu antworten. Danach folgt eine bewusste Unterbrechung (1 bis 2 Minuten Schweigen). Dann kann über die Vorwürfe diskutiert werden.

1. Formulieren Sie die Äußerungen von Herrn Schmitt unter Berücksichtigung der Feedbackregeln neu.

„Also ich fand es unmöglich wie Sie mit Tom gesprochen haben."	______________________
„So aufzubrausen war total unprofessionell."	______________________
„Und überhaupt: Ihr ganzes Auftreten gegenüber den Jugendlichen finde ich ziemlich ärgerlich in letzter Zeit."	______________________
„Sie sollten sich hier wirklich mal ändern!"	______________________

2. Gruppenübung: Wählen Sie zwei Personen aus. Diese diskutieren über ein Thema, z. B. „Führerschein mit 17". Zwei weitere Personen beobachten jeweils einen Gesprächsteilnehmer. Im Anschluss an die Diskussion geben die Beobachter unter Berücksichtigung der Feedbackregeln ein Feedback.

3. Kennen Sie neben dem direkten Feedback noch weitere Feedback-Methoden? Recherchieren Sie im Internet. Diskutieren Sie in der Klasse die Vor- und Nachteile der einzelnen Methoden.

7 Rahmenbedingungen für Gespräche

Frau Mayer holt ihre Tochter Emma aus der Kita ab. In letzter Zeit kam Emma oft traurig nach Hause. Frau Mayer möchte deshalb mit der Gruppenleiterin Frau Hämpel sprechen. Mitten im Gang „erwischt" sie die Gruppenleiterin.

Frau Mayer: „Guten Tag Frau Hämpel. Ich wollte kurz mit ihnen über Emma sprechen, haben sie fünf Minuten Zeit?"
Frau Hämpel: „Ja äh, eigentlich nicht aber um was geht es denn?"
Der kleine Max zieht Frau Hämpel am Arm und sagt „Kommst du...??"
Frau Hämpel: „Ja, gleich..."
Frau Mayer: „Also ich hatte den Eindruck dass Emma in letzter Zeit..."
Eine Kollegin von Frau Hämpel schaut aus dem Büro und sagt zu Frau Hämpel: „Telefon für dich, ich glaube es ist dringend..."
Frau Hämpel: „Ja ich komme sofort...also was war mit Lisa, ach nein Emma heißt ja ihr Tochter..."
Frau Mayer: „Ja, also Emma kam in letzter Zeit immer so traurig nach Hause...."
Eine andere Mutter tritt hinzu und unterbricht Frau Mayer: „Entschuldigen Sie, dass ich störe, Frau Hämpel haben Sie Tom gesehen? Ich kann ihn nicht finden..."
Frau Hämpel: „Tom ist da hinten. Warten Sie, ich bringe sie kurz hin...Frau Mayer ich komme gleich zurück...."

- *Kennen Sie solche oder ähnliche Situationen aus Ihrem Alltag?*
- *Erleben Sie diese Situationen als wirkliche Gespräche?*

Dieses Beispiel zeigt, wie wichtig es ist, gute Rahmenbedingungen für ein professionell geführtes Gespräch zu schaffen. Zu diesen Rahmenbedingungen zählen insbesondere folgende Aspekte:

- **Wer** nimmt am Gespräch teil? Es ist beispielsweise ein großer Unterschied, ob Kollegen untereinander im Rahmen eine Teamsitzung sprechen oder ob Mitarbeiter mit Eltern reden.
- **Wann** findet das Gespräch statt? Wie viel Zeit muss für das Gespräch eingeplant werden? Wichtige Gespräche sollten nicht zwischen „Tür und Angel" (wie in der Situation oben) stattfinden. Auch sollte man während des Gesprächs nicht durch Dritte unterbrochen und gestört werden.
- **Wo** findet das Gespräch statt? In vielen Einrichtungen gibt es Besprechungsräume, in die man sich zurückziehen kann. Vertrauliche Inhalte sollte man grundsätzlich nicht im Beisein Dritter zur Sprache bringen (vgl. Kapitel 12).

Zwei Kollegen bei der Gesprächsvorbereitung

- Inhaltliche **Vorbereitung**: Wichtige Gespräche sollten inhaltlich vorbereitet werden, dabei sind zum Beispiel folgende Fragen zu klären:
  - Was wird das Thema des Gesprächs sein?
  - Wie stehe ich dazu?
  - Wie steht mein Gegenüber zu dem Gesprächsthema?
  - Brauche ich noch weitere Informationen?
  - Benötige ich eventuell Hilfe von Kollegen oder Vorgesetzten?

■ **Professionelle Gespräche sollten gut vorbereitet, ungestört an einem ruhigen Ort, zu einer festgelegten Uhrzeit und eventuell mit einer festgelegten Gesprächsdauer stattfinden.** ■

Nähe – Distanz

Insbesondere die räumliche Situation kann auf ein Gespräch entscheidenden Einfluss haben, da sie oftmals eng mit der Beziehung der Gesprächsteilnehmer zusammenhängt und diese widerspiegelt. Wie schon in den vorangegangenen Kapiteln erklärt wurde, wird die Beziehung der Sprecher zueinander in allen Theorien als wesentlicher Bestandteil für eine gelungenes Gespräch angesehen. Diese Beziehung wird auch von der Art und Weise bestimmt, wie man sich räumlich positioniert. Ein pädagogisches Beratungsgespräch zum Beispiel, bei dem der Pädagoge hinter einem großen Schreibtisch sitzt, dürfte sehr schwierig werden, da so kaum eine positive wertschätzende Beziehung hergestellt werden kann.

1. *Was hat Frau Hämpel in der obigen Situation falsch gemacht? Wie hätte Sie besser reagieren können?*

2. *Nennen Sie noch weitere Punkte, die für die Vorbereitung auf ein Gespräch wichtig sein könnten.*

3. *Oftmals ist auch die räumliche Position der Gesprächsteilnehmer wichtig. Wie könnte ein Gespräch zwischen Frau Mayer und Frau Hämpel ablaufen. Spielen Sie es nach und setzen Sie sich dabei a) an einen Tisch gegenüber, b) gegenüber ohne Tisch, c) an einem Tisch über Eck. Beschreiben Sie die Veränderungen.*

8 Gespräche im Team

Teamsitzungen oder Teamgespräche gehören fast in jedem Berufsfeld zum Arbeitsalltag. Teamgespräche sollte gut vorbereitet werden. Dazu können gehören:

- eine Einladung
- eine Tagesordnung
- gute Rahmenbedingungen, ein vorbereiteter Raum
- eventuell ein Gesprächsleiter, ggf. Gesprächsregeln
- eine Nachbereitung, ein Ergebnisprotokoll

Der Gesprächsleiter hat dabei die Aufgaben, das Rederecht zu erteilen, die Ziele des Gesprächs im Auge zu behalten, das Gespräch zu jedem einzelnen Tagesordnungspunkt in Gang zu bringen und evtl. den Gesprächsverlauf zu gliedern. Außerdem sorgt er für ein gutes Gesprächsklima, fasst wichtige Ergebnisse zusammen und leitet Abstimmungen.

Ein erfolgreiches Teamgespräch sollte „symmetrisch" sein, d. h. alle Beteiligten kommen gleichgewichtig mit ihrer Meinung zum Zug. Dafür sind folgende Punkte wichtig:

- selber konzentriert zuhören
- die anderen ausreden lassen
- nachfragen, wenn etwas nicht verstanden wurde
- andere Diskussionsteilnehmer aktiv ansprechen und einbeziehen
- die eigenen Redebeiträge möglichst kurz und genau fassen

Wenn es in einem Team zu Konflikten kommt, kann dies grundsätzlich zwei Ursachen haben:

- gruppendynamische Prozesse
- problematische Persönlichkeitsstrukturen einzelner Teammitglieder

Gruppendynamische Prozesse sind zum Beispiel	**Problematische Persönlichkeitsstrukturen einzelner Teammitglieder sind zum Bespiel**
strukturelle und organisatorische Rahmenbedingungen (z. B. Schichtdienst, Arbeitsbelastung)	→ selektive Hörgewohnheiten, z. B. alles wird auf der Beziehungsebene gehört → unreflektierte Fantasien und Vorstellungen, z. B. glaubt man, dass man sowieso immer benachteiligt wird → Angst vor Auseinandersetzungen → negatives Selbstwertgefühl

Teamsitzungen können in leitungszentrierte und teamorientierte Teamsitzungen unterschieden werden. In einer leitungsorientierten Teamsitzung gibt der Leiter das Wort an und informiert das Team über Entscheidungen. In einer teamorientierten Sitzung wird gemeinsam und demokratisch beraten und abgestimmt, Entscheidungen werden gemeinsam getroffen.

__Literaturtipp:__ Zimmermann-Kogel, Katrin: Konfliktbearbeitung im Team, in: Praxisbuch Sozialpädagogik Bd. 1, hrsg. v. Katrin Zimmermann-Kogel und Norbert Kühne, Troisdorf, Bildungsverlag Eins, 2005, S. 148–165.

1. Versuchen Sie zu formulieren was diese Unterscheidung im Hinblick auf die folgenden Punkte bedeuten könnte.

	Leitungszentrierte Teamsitzung	**Teamorientierte Teamsitzung**
Festlegung der Tagesordnung		
Umgang mit Informationen		
Vorbereitung zu einzelnen Punkten		
Vorbereitung von Lösungsvorschlägen		
Gesprächsverhalten		
Führung eines Protokolls		

2. Was gehört Ihrer Meinung nach zu einem Ergebnisprotokoll eines Teamgesprächs? Entwerfen Sie eine Checkliste!

9 Gespräche mit speziellen Personengruppen

Eine professionelle Gesprächsführung – gerade in sozialpädagogischen Berufsfeldern – setzt voraus, dass Sie sich die besonderen Lebensumstände der Personen, Patienten und Klienten vergegenwärtigen, mit denen Sie zu tun haben. Um erfolgreich Gespräche führen zu können, sollten Sie die Probleme und Schwierigkeiten, vor allem aber die Fähigkeiten und Ressourcen der Menschen kennen, mit denen Sie kommunizieren.

Im Folgenden sollen in Kurzform die besonderen Lebensumstände einiger ausgewählter Personengruppen sowie Tipps zur Gesprächsführung mit diesen Gruppen vorgestellt werden. Eine Regel, die für jedes Gespräch und für alle Gesprächspartner gleichermaßen gilt, kann vorangestellt werden.

■ **Begegnen Sie Ihrem Gesprächspartner mit Respekt – unabhängig von Alter, Behinderung oder Religion!** ■

9.1 Gespräche mit älteren Menschen

Die Kommunikationsfähigkeit gesunder älterer Menschen bleibt – entgegen mancher unüberlegter Meinung – weitgehend erhalten. Jedoch können sprachliche und kommunikative Fähigkeiten älterer Menschen z. B. beeinträchtigt werden durch:

- altersbedingte Verschlechterung der Seh- und Hörfähigkeit
- alterstypische Erkrankungen wie z. B. Schlaganfall, Hirnerkrankungen wie Alzheimer und Demenz, Durchblutungsstörungen, chronische Erkrankungen des Bewegungsapparats
- Vereinsamung und Fehlen gesellschaftlicher Interaktion
- falsche Vorstellungen jüngerer Gesprächspartner über die Kommunikationsfähigkeit im Alter (Die Verwendung einer vereinfachten und verkürzten Sprache, basierend auf der Annahme, dass ältere Menschen komplizierte Gesprächsinhalte nicht mehr verstehen würden, fördert ein eintöniges und stereotypes Gesprächsverhalten älterer Menschen.)

Tipps zur Kommunikation

- Beobachten Sie das Gesprächsverhalten der älteren Person unvoreingenommen und passen Sie Ihre Sprechweise dementsprechend und für jede Person individuell an. Vermeiden Sie möglichst eine vereinfachte Sprechweise („Baby-Sprache"), denn diese kann leicht als respektlos wahrgenommen werden.
- Achten Sie auf die Verwendung von zur Kommunikation notwendiger Hilfsmittel wie Hörgerät und Brille. Vermeiden Sie ungünstige Rahmenbedingungen wie z. B. laute Fernseher im Raum.
- Wenn die ältere Person über Probleme und Ängste reden möchte, benutzen Sie Gesprächstechniken wie das „aktive Zuhören" um stützende, entlastende und beratende Gespräche führen zu können. Vermeiden Sie allgemeine Phrasen wie „Alles wird wieder gut".
- Begegnen Sie Ihrem Gesprächspartner wenn möglich körperlich auf Augenhöhe (z. B. bei Personen in einem Rollstuhl gehen Sie in die Hocke) und in Hörweite. Das erleichtert die Kommunikation und zeigt einen respektvollen Umgang.
- Stellen Sie im Gespräch offene Fragen („W-Fragen") beginnend mit den Fragewörtern Wer, Wie, Was, Wann, Wo. Solche Fragen können nicht einfach mit „Ja" oder „Nein" beantwortet werden und fördern bzw. erhalten deshalb die Kommunikationsfähigkeit.
- Führen Sie auch kleine Alltagsgespräche, denn dieser „Small-Talk" erfüllt das grundlegende menschliche Bedürfnis nach Ansprache, Kommunikation und Teilhabe an der Gesellschaft.

(vgl. Wilmes, Basiswissen Sozialpädagogik, 2008, S. 229ff.)

Lesen Sie die folgende Situation und beantworten Sie die anschließenden Fragen.

Die Pflegerin Martina kommt morgens mit einem Blumenstrauß ins Zimmer der 86-jährigen Frau Marx. Die sitzt in ihrem Rollstuhl am Fenster und schaut hinaus, es regnet.

Martina: „Frau Marx, guck mal, die Blumen. Schön, nicht!"
Frau Marx: „Ja."
Martina: „Ja, das mag die Frau Marx."
Frau Marx: „Kein Wunder, dass mir alles wehtut. Bei dem Wetter!"
Martina: „Ach, das wird schon wieder."

1. *Wie beurteilen Sie den Gesprächsstil der Pflegerin Martina? Begründen Sie Ihre Einschätzung.*

2. *Wie könnte das Gespräch verlaufen, wenn Martina die oben genannten Tipps zur Kommunikation bedenken würde. Schreiben Sie einen möglichen Gesprächsverlauf auf.*

   Martina:

   Frau Marx:

   Martina:

   Frau Marx:

   Martina:

9.2 Gespräche mit demenzkranken Menschen

Einen Sonderfall und eine besondere Herausforderung stellen Gespräche mit an Demenz erkrankten älteren Menschen dar. Bei diesen Personen zeigen sich häufig Störungen der Sprachfähigkeit. Ursache für diese Störungen sind Schädigungen des Hirngewebes, die das Erinnerungsvermögen, die Informationsverarbeitung im Gehirn und die Sprachfunktion beeinträchtigen. Ebenso wird durch diese Schädigungen die Sprechmotorik negativ beeinflusst, d. h. die körperliche Fähigkeit mithilfe der Sprechwerkzeuge (z. B. Zunge, Lippen) Worte zu bilden.

Beispiel: *Die 82-jährige Frau Grass erzählt der Praktikantin Jasmin vom schönen Morgenspaziergang mit Ihrer Schwester, obwohl diese bereits vor einigen Jahren verstorben ist. Frau Grass hat ein Fotoalbum geholt um Jasmin ein Foto ihrer Schwester zu zeigen und bittet die Praktikantin nun mit einem Fingerzeig zum Nachtschrank: „Holen Sie mir bitte das... das runde Ding. Das zum Gucken...". Jasmin schaut zum Schrank: „Ah, Ihre Brille meinen Sie. Klar, die bringe ich Ihnen."*

Tipps zur Kommunikation

- ➜ Sprechen Sie mit dem Demenzkranken in einer geordneten, übersichtlichen, ruhigen Umgebung und in normaler Lautstärke. Halten Sie während des Gesprächs stets Augenkontakt und vermeiden Sie einen unsteten Blick.
- ➜ Akzeptieren Sie, dass der Demenzkranke zeitweise in seiner Erinnerung lebt. Lassen Sie ihm diese Realität und versuchen Sie nicht, ihn zu ändern, sondern gehen Sie einfühlend und bestätigend auf ihn ein. Lassen Sie ihn von früher erzählen. Vermeiden Sie, Fragen zu stellen, die er nicht beantworten kann.
- ➜ Beobachten Sie im Gespräch das Verhalten des Demenzkranken (Gefühlsausdrücke, Gestik, Mimik) um sicher zu gehen, dass er Sie versteht und um Gefühle „herauszuhören". Gehen Sie auf diese Gefühle ein.

Beispiel: *Der demente Pflegeheim-Bewohner Herr Wieland berichtet Ihnen voller Sorge, dass sich auf seinem Konto nicht genug Geld für die anstehende Miete befindet und er nicht weiß, wie er in diesem Monat das Essen für seine Kinder bezahlen soll. Anstelle ihm zu erläutern, dass das Konto gar nicht mehr existiert und seine Kinder längst eigene Familien haben – was zu Diskussionen führen könnte –, nehmen Sie ihm die Sorge z. B. mit der Erwiderung „Ihre Finanzen sind völlig in Ordnung."*

- ➜ Wenn der Demenzkranke Schwierigkeiten hat, sich auszudrücken oder das Gedächtnis versagt, helfen Sie ihm, indem Sie z. B. nicht zu lange auf eine Erwiderung warten. Aber: Vermeiden Sie Ungeduld im Gespräch, unterbrechen Sie Ihren Gesprächspartner nicht.
- ➜ Drücken Sie sich positiv aus. Verzichten Sie im Gespräch auf Negativ-Formulierungen und negativ klingende Worte. Worte wie „keiner" oder „nichts" können leicht überhört werden und von einem Satz wie „Keiner möchte Ihnen wehtun." versteht der Patient eventuell nur das „wehtun".
- ➜ Stellen Sie während des Gesprächs Körperkontakt her. Benutzen Sie Körpersprache und berühren Sie Ihren Gesprächspartner taktvoll. Solch eine Berührung am Arm, Wange oder Hand vermittelt dem Demenzkranken ein beruhigendes Gefühl von Wirklichkeit und Eingebundensein.

(vgl. Wilmes, Basiswissen Sozialpädagogik, 2008, S. 229ff.)

Literaturtipp: *Kirks, Monika/Scherer, Manfred/Streit, Gabriele: Deutsch/Kommunikation in der Altenpflege, 2. Auflage, Bildungsverlag Eins, Troisdorf, 2008.*

1. *Lesen Sie sich die folgenden Situationen und Äußerungen von demenzerkrankten Menschen durch und formulieren Sie mögliche Erwiderungen, basierend auf den genannten Tipps zur Kommunikation.*

   a) *Frau Becker wendet sich besorgt an Sie: „Draußen regnet und blitzt es und mein kleiner Hund Fips stromert allein draußen herum."*

   Erwiderung:

   ____

   ____

   b) *Der langjährige Witwer Herr Wieland redet voller Begeisterung von der Geburtstagsfeier seiner Frau, die laut seiner Erzählung erst vor Tagen stattgefunden hat: „Meine Frau, die Ingrid, sah so gut aus in ihrem neuen blauen Kleid mit den weißen Punkten drauf. Und der selbstgebackene Kuchen hat gut geschmeckt."*

   Erwiderung:

   ____

   ____

2. *Ein älterer dementer Patient beginnt während der Körperpflege ängstlich um sich zu schlagen. Der neue Pfleger Steffen will ihn besänftigen und sagt: „So hören Sie doch auf. Niemand hat vor, Ihnen etwas Böses anzutun." Daraufhin wird der Patient noch ängstlicher und stößt den Pfleger von sich weg. Wie hätte Steffen seine Worte besser gewählt?*

   ____

   ____

   ____

3. *Haben Sie während Ihres Berufsalltags oder in Familie bzw. Bekanntenkreis schon einmal ein Gespräch mit einem an Demenz erkrankten Menschen geführt? Wie haben Sie sich bei diesem Gespräch gefühlt? Waren Sie ungeduldig oder tat Ihnen der Gesprächspartner leid? Wie haben Sie Ihren Gesprächspartner erlebt? Schreiben Sie Ihre Erfahrungen auf und teilen Sie diese – wenn Sie öffentlich darüber reden möchten – mit der Klasse. Diskutieren Sie in der Klasse die zusammengetragenen Fälle Ihrer Mitschüler. Vielleicht können Sie sich gegenseitig Tipps geben, um die Kommunikation mit demenzkranken Menschen zu üben.*

   ____

   ____

   ____

   ____

   ____

   ____

   ____

   ____

   ____

   ____

   ____

   ____

9.3 Kommunikation mit Menschen mit geistiger Behinderung

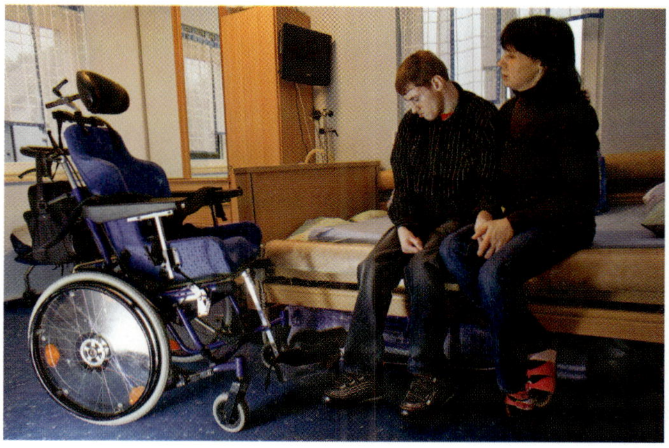

Es gibt einige Faktoren, die die Kommunikation mit Menschen mit geistiger Behinderung erschweren können. Aufgrund der Vielschichtigkeit von geistigen Behinderungen wird es nicht möglich sein, alle Faktoren aufzuzählen, die von Bedeutung sein können oder allgemeine Tipps zum Gelingen der Kommunikation zu geben. Folgend seien nur die wichtigsten Hemmnisse genannt, um Verständnis zu fördern und ein Gefühl dafür zu entwickeln, welchen Herausforderungen sich Betreuungspersonen und Menschen mit Behinderung stellen müssen, um erfolgreich miteinander zu kommunizieren.

Menschen mit geistiger Behinderung haben oft erhebliche Probleme sich sprachlich mitzuteilen.

Ihre Kommunikationsfähigkeit kann durch Störungen des Gehörs und/oder Sprachstörungen erheblich eingeschränkt sein. Ursache für diese Störungen sind z. B. angeborene Schwerhörigkeit bzw. Taubheit oder angeborene oder durch Verletzungen hervorgerufene Hirnschädigungen. Die Folge ist, dass sie ihre Bedürfnisse, Absichten und Gedanken nur unzureichend oder gar nicht äußern können. Ebenso wenig können sie auf zu komplexe Äußerungen ihrer Gesprächspartner angemessen reagieren und werden daher oft missverstanden. Menschen mit geistiger Behinderung sind mitunter nicht in der Lage, das, was sie sagen möchten, gedanklich zu „überprüfen“ bevor sie es sagen, wie es Menschen ohne Behinderung können. So kann es geschehen, dass sie etwas anderes sagen (sprechen), als sie eigentlich ausdrücken wollten. Dies kann beim ungeübten Gegenüber Vieles auslösen, von Verständnislosigkeit über Desinteresse bis hin zu Spott.

Ein gegenseitiges Verständnis ist aufgrund von fehlenden ähnlichen Erfahrungen fast unmöglich.

Ein Rückgriff auf vergleichbare eigene Erfahrungen, um sich in die Situation des Gesprächspartners hineinzuversetzen, ist im Umgang mit Menschen mit geistiger Behinderung kaum möglich. Sie als Gesprächspartner können sich nicht in die Situation des Menschen mit Behinderung hineinversetzen, haben seine Erfahrungen nicht gemacht und können ihn daher kaum wirklich verstehen. Ebenso geht es Ihrem Gegenüber. Menschen mit Behinderung sind also in zweifacher Sicht benachteiligt. Sie haben gleichzeitig ein Verständigungs- und ein Verständnisproblem. Zum einen können Sie wie – oben beschrieben – ihre eigenen kommunikativen Absichten nicht hinreichend äußern und zum anderen sind sie – aufgrund der verschiedenen „Welten“, in denen die Gesprächspartner leben – nicht in der Lage die Äußerungen ihres Gegenübers wirklich zu verstehen.

Aufgrund ihres Lebenslaufs haben Menschen mit geistiger Behinderung oft Selbstwertprobleme.

Da Menschen mit geistiger Behinderung von Geburt an meist negative Rückmeldungen zu ihrer Person erhalten, die ihnen das Gefühl vermitteln minderwertig, unerwünscht und missverstanden zu sein, ist der Aufbau eines Selbstwertgefühls bei ihnen besonders gefährdet. Ein positives Selbstwertgefühl ist für jeden Menschen von großer Bedeutung und Basis für eine erfolgreiche Kommunikation, denn es beeinflusst das Denken und Handeln. Menschen mit einem positiven Selbstbild können sich selbst gut einschätzen, sind in der Lage die eigenen positiven Eigenschaften und auch Fehler zu erkennen und anzunehmen. Dieses realistische Selbstbild macht es ihnen möglich, sowohl mit positiven als auch negativen Rückmeldungen zu ihrer Person und ihrem Verhalten umzugehen.

Literaturtipp: Huisken, Johannes: Gesprächsführung und Kommunikation. Methoden in Heilpädagogik und Heilerziehungspflege, 2. Auflage, Troisdorf, Bildungsverlag Eins, 2008.

Umgang mit Konflikten

Britta ist in der Ausbildung zur Sozialpflegerin und arbeitet an ihrem zweiten Tag in einem Altenpflegeheim. Frühmorgens ist viel zu tun. Britta steht auf dem Flur. Sie ist unsicher, was sie machen kann. Der Altenpfleger Martin kommt aus dem Teamzimmer. Er will jetzt ein Bett neu beziehen und sieht, dass der Wäschewagen nicht aufgefüllt ist. Er sagt laut: „Schon wieder ist der Wäschewagen nicht aufgefüllt. Britta, dass hättest du doch schon längst machen können! Oder bist du nur zum Zuschauen hier?" Britta wird rot und ihr steigen Tränen ins Gesicht. Impulsiv antwortet sie: „Mach deinen Kram doch alleine!"

- *Versetzen Sie sich nacheinander in die Rolle von Britta und Martin. Hätten sie auch anders reagieren können?*
- *Tauschen Sie sich in der Klasse über ähnliche Erfahrungen aus.*

Konflikte treten im Arbeitsalltag häufig auf, vor allem dann, wenn es stressig wird, viel zu tun ist und Mitarbeiter überlastet sind. Dabei ist der Umgang mit Konflikten oftmals nicht einfach. Oft fühlen sich die Gesprächsteilnehmer in ihrem Selbstwertgefühl verletzt, da sie mit dem Beziehungsohr hören (vgl. Kapitel 4.3) obwohl die Nachricht vielleicht ganz sachlich gemeint war. Oftmals kann man Konflikte schon früh erkennen bevor sie wirklich zum Ausbruch kommen. Erkennungsmerkmale können sein:

- lange Gesprächspausen
- Unterbrechungen im Gespräch und ein Kampf um das Rederecht
- die Lautstärke des Gesprächs steigt an
- negative Gefühle werden ausgedrückt
- es wird nicht richtig zugehört
- es wird nicht aufeinander eingegangen
- Antworten sind ausweichend
- Sachverhalte werden falsch dargestellt
- es werden Vorwürfe gemacht

Es gibt unterschiedliche Arten von Konflikten. Hier nur einige:

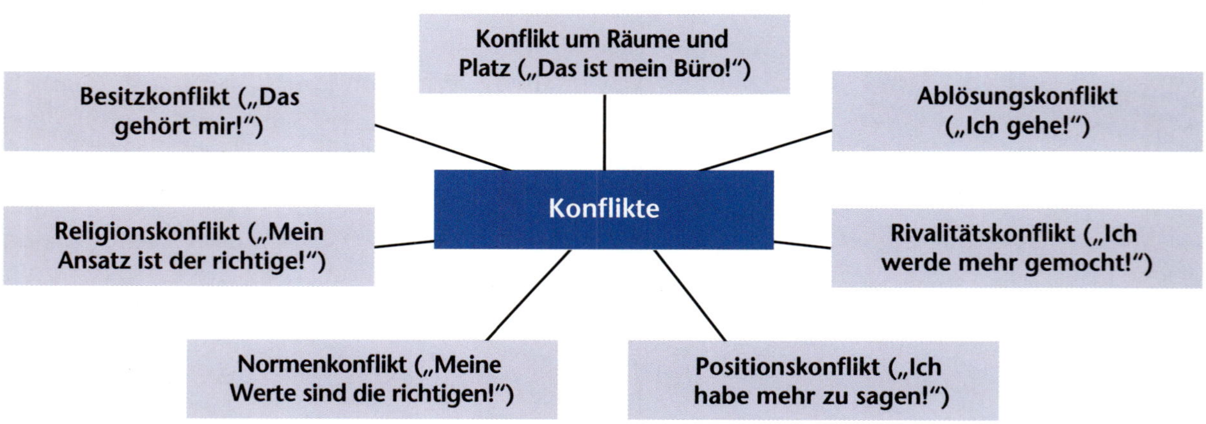

Konflikte werden häufig dann besonders problematisch, wenn sie unsachlich und/oder verletzend geführt werden.

Um Konflikte zu lösen, können grundsätzlich drei Strategien unterschieden werden:

- Deeskalationsstrategie: Dies bedeutet, alles was den Konflikt weiter „anheizen" könnte vermieden wird. Gleichzeitig wird aktiv die Rede- und Kooperationsbereitschaft signalisiert.

  ***Beispiel:** Britta antwortet Martin: „Oh Entschuldigung – vielleicht kannst du mir noch mal zeigen, was alles auf den Wäschewagen gehört. Ich helfe dir natürlich sehr gerne."*

- Argumentationsstrategie: Dies bedeutet ausdrücklich nur sachliche Argumente zu verwenden und jede Bewertung des Gegenübers zu vermeiden – ausgetauscht werden Fakten.

  ***Beispiel:** Britta antwortet Martin: „Ich bin erst den zweiten Tag hier. Mir hat noch niemand gezeigt, was alles auf den Wäschewagen gehört!"*

- Metakommunikationsstrategie: Hier geht es nicht mehr direkt um die sachlichen Inhalte des Konflikts, sondern um die Art und Weise der Auseinandersetzung.

  ***Beispiel:** Britta antwortet Martin: „Ich finde es unangemessen, dass du mich anschreist!"*

■ **Metakommunikation bezeichnet die Kommunikation *über* die Kommunikation selbst – unabhängig von deren Inhalt.** ■

1. Schreiben Sie eine Konfliktsituation auf, die Sie selbst erlebt bzw. miterlebt haben. Diskutieren Sie die gesammelten Konflikte in der Klasse und finden Sie unter Berücksichtigung der genannten Strategien gemeinsam mögliche Lösungen.

2. Überlegen Sie sich mindestens fünf „metakommunikative" Aussagen, die in einem Konflikt Verwendung finden könnten.

-
-
-
-
-

3. Welchen Nutzen haben die in Kapitel 4 dargestellten Kommunikationsmodelle für die Lösung von Konflikten? Diskutieren Sie!

10.1 Umgang mit Beschwerden von Kunden, Patienten, Klienten

Beschwerden können als besondere Form von Konflikten betrachtet werden. Auch stellen sie eine besondere Form des Feedbacks (vgl. Kapitel 6) dar. Ein professionelles „Beschwerdemanagement“ gehört darum zur professionellen Handlungskompetenz (vgl. Kapitel 1) in sozialen Berufen.

Beispiel: *Altenpflegerin Hannah klingelt um 9 Uhr bei Familie Kurz, um Frau Kurz zu pflegen. Ihr Tochter öffnet wütend die Tür und schreit Hannah an: „Ständig sind Sie zu spät! Schon das vierte Mal in diesem Monat liegt meine Mutter hungrig und ungewaschen den ganzen Vormittag im Bett! So geht das nicht!“*

1. Zunächst gilt die Feedbackregel: Ausreden lassen und zuhören.
2. Um das Gespräch zu versachlichen (Argumentationsstrategie) und um eine Beziehung zum Gesprächspartner aufzubauen, werden Einzelheiten erfragt und Ich-Botschaften verwendet: „Ich kann verstehen, dass Sie wütend sind! Wie hat ihre Mutter die Verspätung aufgenommen?“
3. Liegt tatsächlich ein Fehlverhalten vor, ist eine Entschuldigung sinnvoll.
4. Eventuell sollte das Verhalten erklärt werden: „Eine Kollegin ist erkrankt, deren Arbeit muss ich mit übernehmen!“
5. Falls weiterer Klärungsbedarf vorliegt, sollte diese Klärung zeitnah erfolgen. „Ich werde dies mit meinen Vorgesetzen besprechen. Er meldet sich heute Nachmittag bei Ihnen.“

Literaturtipp: *Kühne, Norbert: Elternkonfliktgespräche, in: Praxisbuch Sozialpädagogik Bd. 1, hrsg.v. Katrin Zimmermann-Kogel und Norbert Kühne, Troisdorf, Bildungsverlag Eins, 2005, S. 166–191.*

1. Entwerfen Sie gemeinsam in der Klasse ein Ablaufdiagramm wie idealerweise mit Beschwerden umgegangen werden sollte!

2. Spielen Sie oben genanntes Beispiel von Hannah und Frau Kurz in einem Rollenspiel durch. Danach noch einmal auf Basis des erstellten Ablaufplans.

10.2 Supervision, Coaching, Mediation

Sind Konflikte von den Konfliktparteien nicht mehr selber zu lösen, können Experten hinzugezogen werden, die nicht in der Einrichtung arbeiten. Dies hat oftmals den Vorteil, dass unvoreingenommen und unparteiisch auf die Konflikte geschaut werden kann. In der Berufswelt werden dafür häufig folgende Begriffe verwendet:

Team von Pflegekräften bei einer Supervision

1. **Supervision:** Dieser Begriff bezeichnet eine berufsbegleitende Beratung. Oftmals wird unterschieden zwischen Fall- und Teamsupervision. Geht es bei der Fallsupervision um den Umgang mit einem einzelnen Klienten, steht bei der Teamsupervision häufig der Umgang des Teams untereinander im Mittelpunkt.
2. **Coaching:** Gecoached werden in der Regel Führungskräfte. Ähnlich wie ein Fußballcoach versucht der Coach als Begleiter und Experte die Kompetenzen der Führungskraft zu verbessern.
3. **Mediation:** In der Mediation wird versucht, durch einen Berater im Gespräch mit allen an einem Konflikt beteiligten, den Konflikt zum Gewinn aller beizulegen.

Versuchen Sie mehr über diese drei Verfahren in Erfahrung zu bringen. Recherchieren Sie im Internet und sammeln Sie die Ergebnisse in den folgenden drei Mindmaps.

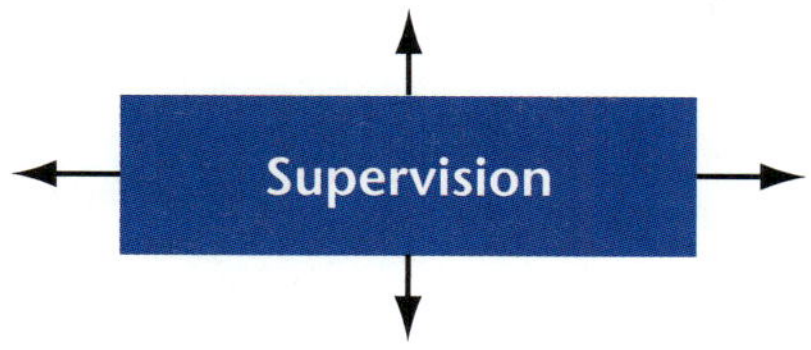
Supervision

Coaching

Mediation

11 Gespräche am Telefon

Im beruflichen Alltag kann die Nutzung des Telefons eine wichtige Kompetenz sein. Grundsätzlich gelten alle bereits dargestellten Empfehlungen, Regeln und Theorien ebenfalls für Telefongespräche.

Kommunikation am Telefon bedeutet jedoch immer „reduzierte Kommunikation“, weil Ihnen am Telefon die meisten nonverbalen Kommunikationsmöglichkeiten nicht zur Verfügung stehen. Mimik und Gestik sind für den Gesprächspartner nicht wahrnehmbar, ein Blickkontakt kann nicht hergestellt werden. Trotzdem: einige nichtsprachliche Signale kann der Gesprächspartner am anderen Ende der Leitung durchaus wahrnehmen. Wenn Sie zum Beispiel während des Gesprächs lächeln, verändern sich unbewusst auch der Klang und die Tonfarbe Ihrer Stimme und man kann ein Lächeln „hören“. Haben Sie viel zu tun und sind im Stress, so kann man Ihnen die Hektik anhören.

Wenn Sie sich nun noch einmal bewusst machen, dass das nonverbale Verhalten während einer Kommunikationssituation genauso bedeutsam ist, wie die gesprochenen Worte, so wird deutlich, dass es bei einem Gespräch am Telefon schwierig sein kann, das Gegenüber wirklich zu verstehen und selbst richtig verstanden zu werden.

Zudem ist das Telefonieren in der Regel eine stark verkürzte Form der Kommunikation. Man kommt schneller zum Thema, die Begrüßung fällt weniger umfangreich aus. Dadurch kann die Beziehungsebene der Kommunikation nur schwer aufgebaut bzw. geklärt werden.

All diese Faktoren erhöhen die Gefahr von Missverständnissen. Darum sollten bei der Kommunikation am Telefon stets ein paar Grundregeln beachtet werden.

Tipps zur Kommunikation am Telefon

- Auch wenn man den Telefonpartner nicht sehen kann, hat die Körperhaltung durchaus Einfluss auf das Gespräch. Deswegen ist es wichtig sich beim Telefonieren körperlich genauso zu verhalten, wie in einem normalen Gespräch.
- Am Telefon sollte etwas langsamer und besonders deutlich gesprochen werden. Bei der Annahme eines Telefonats meldet man sich in der Regel folgendermaßen: 1. Name der Firma/der Organisation, 2. eigener Vor- und Zuname, 3. Gesprächseröffnung z. B. mit einem einfachen „Guten Tag“ oder „Was kann ich für Sie tun?“
- Achten Sie darauf, dass Sie tatsächlich in die Sprechmuschel des Telefons sprechen, falls Anrufer eventuell schon etwas älter sind und nicht so gut hören können.
- Wenn Sie etwas nicht deutlich verstanden haben oder einen Sachverhalt nicht sofort begreifen können, fragen Sie freundlich noch einmal nach.
- Oft ist es hilfreich oder gar notwendig, sich während oder direkt nach einem Telefonat Notizen zu machen, besonders wenn Sie Informationen aus diesem Telefonat an jemand anderen weitergeben müssen:
  - Wie ist der korrekt geschriebene Vor- und Zuname des Anrufers?
  - Wie ist seine Anschrift/seine Telefonnummer?
  - Was war das Anliegen des Anrufers?
  - Was waren weitere – vielleicht notwendige – persönliche Daten des Anrufers?
  - Wie dringlich war der Anruf?

- Wurde eine Rückmeldung vereinbart? Wenn ja bis wann?
- Was ist noch zu erledigen?
- Abgeschlossen werden die Notizen mit dem aktuellen Datum/Uhrzeit und dem eigenen Namen.

→ Um Missverständnisse, insbesondere bei Namen, zu vermeiden, kann es hilfreich sein eine Buchstabierliste zu benutzen: Anton – Ärger – Berta – Cäsar – Dora – Emil – Friedrich – Gustav – Heinrich – Ida – Julius – Kaufmann – Ludwig – Marta – Nordpol – Otto – Ökonom – Paula – Quelle – Richard – Samuel – Theodor – Ulrich – Übermut – Viktor – Wilhelm – Xanthippe – Zacharias

Üben Sie unterschiedliche Telefonate in der Klasse – die Zuhörer sollen Ihnen dazu ein Feedback geben.

12 Schweigepflicht

Im Gesundheits- und Sozialwesen ist die Einhaltung der Schweigepflicht besonders wichtig, denn die Angehörigen der in diesem Bereich tätigen Personen müssen in ihrem Berufsalltag täglich mit vertraulichen Daten und Geheimnissen von Patienten, Betreuten und Klienten umgehen. Ärzte, Pflegepersonen und Sozialhelfer sowie Sozialpädagogen und Psychologen unterliegen der Schweigepflicht. Jeder Angehörige dieser Berufsgruppen – ebenso Auszubildende und Berufsschüler – der Patientendaten unbefugt an jemanden preisgibt, der keinen Zugang zu diesen Daten haben darf, muss mit einer Freiheits- und/oder Geldstrafe sowie der außerordentlichen Kündigung rechnen.

§ 203, Absatz 1, StGB: Verletzung von Privatgeheimnissen

„Wer unbefugt ein fremdes Geheimnis, namentlich ein zum persönlichen Lebensbereich gehörendes Geheimnis oder ein Betriebs- oder Geschäftsgeheimnis, offenbart, das ihm als

→ Arzt, Zahnarzt, Tierarzt, Apotheker oder Angehörigen eines anderen Heilberufs [...],
→ Berufspsychologen [...],
→ Rechtsanwalt, Patentanwalt, Notar, Verteidiger [...],
→ Ehe-, Familien-, Erziehungs- oder Jugendberater sowie Berater für Suchtfragen in einer Beratungsstelle [...],
→ Mitglied oder Beauftragten einer anerkannten Beratungsstelle nach den §§ 3 und 8 des Schwangerschaftskonfliktgesetzes,
→ staatlich anerkanntem Sozialarbeiter oder staatlich anerkanntem Sozialpädagogen oder
→ Angehörigen eines Unternehmens der privaten Kranken-, Unfall- oder Lebensversicherung oder einer [...] Verrechnungsstelle

anvertraut worden oder sonst bekanntgeworden ist, wird mit Freiheitsstrafe bis zu einem Jahr oder mit Geldstrafe bestraft."

■ Nach § 203 des Strafgesetzbuchs wird jeder bestraft, der unbefugt ein privates Geheimnis von einer anderen Person oder ein Betriebs- bzw. Geschäftsgeheimnis offenbart. ■

Sie sind dafür verantwortlich und müssen stets sicherstellen, dass die vertraulichen Patientendaten auch vertraulich bleiben! Reden Sie beispielsweise auf dem Flur des Krankenhauses so laut mit einer anderen Pflegekraft über einen bestimmten Patienten, dass fremde Personen Sie hören können, so verletzen Sie die Schweigepflicht. Lassen Sie eine Patientendokumentation offen und für jeden zugänglich auf einem Tisch liegen, so verletzen Sie ebenfalls die Schweigepflicht. Wenn Sie zu Hause von einem Patientin erzählen, so verletzen Sie erst dann die Schweigepflicht, wenn Sie den Namen des Patienten nennen oder z. B. die Beschreibung der Symptome so eindeutig ist, dass sie einem bestimmten Patienten zugeordnet werden können. D. h. Sie müssen die Identität des Patienten wahren. Zu den vertraulichen Daten gehören (siehe nächste Seite):

- Name des Patienten oder Bewohners und der Grund seiner Behandlung bzw. seines Aufenthalts
- alle Daten und Mitteilungen des Patienten oder Bewohners bezüglich Familienangelegenheiten, Gesundheit, Krankheit, Finanzen, berufliche Situation usw.
- den Patienten oder Bewohner betreffende Dokumentationen, Aufzeichnungen, Briefe, Röntgenbilder, Untersuchungsbefunde, Protokolle usw.

Mit der Einhaltung der Schweigepflicht schützen Sie das zwischen Ihnen und den betreuten Personen aufgebaute Vertrauensverhältnis. Ohne dieses gegenseitige Vertrauen, können Sie nicht erwarten, dass sich Patienten und Klienten mit ihren körperlichen und seelischen Nöten an Sie wenden.

Ausnahmen: Zulässiges Offenbaren von Patientendaten

Selbstverständlich müssen Sie als Teil eines **Pflege- bzw. Betreuungsteams** mit Ihren Kollegen Informationen über Patienten und Betreute austauschen können. Die Weitergabe von Daten, die für die Behandlung und Betreuung bedeutsam und unerlässlich sind, ist innerhalb dieses Teams zulässig.

Eine **mutmaßliche Einwilligung** zur Weitergabe von Daten liegt dann vor, wenn davon auszugehen ist, dass der Betroffene zustimmen würde, wenn er gefragt werden könnte. Sie kommt in Betracht, wenn der Betroffene nicht dazu in der Lage ist, seinen Willen zu äußern, weil er z. B. abwesend oder ohne Bewusstsein ist. In Zweifelsfällen sollte der Betreute oder Patient nach seiner Einwilligung gefragt werden, wenn dies möglich ist. Die Frage, ob die Schweigepflicht gegenüber Ehe- bzw. Lebenspartnern und Kindern einzuhalten ist, ist umstritten. Darum gilt auch hier: wenn möglich bitten Sie den Betroffenen um die Einwilligung Vertrauliches an (welche) Familienangehörige weitergeben zu dürfen. **Entbindungen von der Schweigepflicht** müssen in der Akte des Betroffenen ebenso dokumentiert werden wie Aussagen des Patienten, welchen besonderen Personen keine Auskünfte gegeben werden dürfen.

In bestimmten Fällen kann vom sogenannten **Offenbarungsrecht** Gebrauch gemacht werden. Dies bedeutet, dass die Pflegeperson vertrauliche Informationen weitergeben darf, ohne aber dazu verpflichtet zu sein. Ein solcher Fall liegt dann vor, wenn nach §34 StGB ein sogenannter „rechtfertigender Notstand" vorliegt.

§ 34 StGB: Rechtfertigender Notstand

„Wer in einer gegenwärtigen, nicht anders abwendbaren Gefahr für Leben, Leib, Freiheit, Ehre, Eigentum oder ein anderes Rechtsgut eine Tat begeht, um die Gefahr von sich oder einem anderen abzuwenden, handelt nicht rechtswidrig, wenn bei Abwägung der widerstreitenden Interessen, namentlich der betroffenen Rechtsgüter und des Grades der ihnen drohenden Gefahren, das geschützte Interesse das beeinträchtigte wesentlich überwiegt. Dies gilt jedoch nur, soweit die Tat ein angemessenes Mittel ist, die Gefahr abzuwenden."

Das bedeutet: Wenn das „beeinträchtigte Interesse" (Gefahr abwenden, Leben retten) das „zu schützende Interesse" (in diesem Fall die Schweigepflicht) überwiegt bzw. überstimmt, so haben Sie das Recht, vertrauliche Informationen weiterzugeben, sofern die Weitergabe der Informationen eine Abwendung der Gefahr möglich macht. In folgenden Fällen ist dies z. B. der Fall:

- Mitteilung einer festgestellten Misshandlung/Kindesmisshandlung
- Meldung eines verkehrsuntauglichen Fahrers
- Zurückweisen von Vorwürfen von Betreuten, Patienten oder Klienten
- Warnung der Angehörigen bei einer vom Patienten ausgehenden Ansteckungsgefahr

Laut Infektionsschutzgesetz (IfSG, Gesetz zur Verhütung und Bekämpfung von Infektionskrankheiten beim Menschen) sind Ärzte sogar **verpflichtet**, ansteckende Krankheiten, die in diesem Gesetz niedergeschrieben sind, dem Gesundheitsamt zu melden. Zu diesen Infektionskrankheiten gehören laut § 6 IfSG z. B. Hepatitis, Masern, Tollwut und Cholera.

Internet-Tipp: *Informieren Sie sich im Internet unter www.gesetze-im-internet.de über § 203 und § 34 StGB sowie das Infektionsschutzgesetz.*

1. *Formulieren Sie die beiden im Text auf Seite 45 und 46 aufgeführten Paragrafen aus dem Strafgesetzbuch in eigenen Worten neu.*

§ 203 StGB, Verletzung von Privatgeheimnissen

§ 34 StGB, Rechtfertigender Notstand

2. *Lesen Sie die folgenden Fallbeispiele und entscheiden Sie, ob die Schweigepflicht verletzt worden ist oder nicht. Begründen Sie Ihre Wahl. Diskutieren Sie Ihre Ergebnisse in der Klasse.*

Beispiel 1:
Der Sozialpfleger Jens berichtet abends beim Treffen mit Freunden aus der Berufsschule von Herrn Zenk, einem älteren Patienten mit Demenz, der in letzter Zeit besonders aggressiv war und heute bei der Körperpflege um sich geschlagen hat.

Beispiel 2:
Der 25-jährige Christian liegt nach einem schlimmen Unfall mit seinem Motorrad seit einigen Wochen auf der chirurgischen Station eines Krankenhauses. Er hat einen großen Freundeskreis und bekommt fast täglich Besuch. Die Sozialpflegerin Nina kennt schon fast jeden seiner Freunde. Oft fragen sie sie schon auf dem Stationsflur, wie es dem kranken Freund geht. Nina sagt dann jedes Mal, dass sie das am besten von Christian selbst erfahren könnten.

Beispiel 3:
Am Abend kommt die Sozialpflegerin Meike nach Hause und erzählt ihrem Freund aufgeregt vom deutschen Rocksänger, der seit heute auf ihrer Station liegt und sich wegen eines akuten Magengeschwürs behandeln lassen muss: „Ich darf ja nichts sagen, aber du weißt schon. Der Typ mit den langen blonden Haaren und dem großen Leberfleck unter dem linken Auge. Seine Single ist gerade auf Platz 3 der Charts und er ist auf Tour. Kommt sicher vom vielen Stress“, sagt Meike.

Literaturverzeichnis

Biermann, Bernd/Schüler, Johanna: Blickpunkt Sozialpflege – Arbeitsheft, Troisdorf, Bildungsverlag Eins, 2010

Böcher, Hartmut (Hrsg.): Erziehen, bilden und begleiten – Lehrbuch für Erzieherinnen und Erzieher, Troisdorf, Bildungsverlag Eins, 2010.

Böcher, Hartmut (Hrsg.): Erziehen, bilden und begleiten – Arbeitsbuch für Erzieherinnen und Erzieher, Troisdorf, Bildungsverlag Eins, 2010.

Huisken, Johannes: Gesprächsführung, 2. Auflage, Troisdorf, Bildungsverlag Eins, 2008

Kirks, Monika/Scherer, Manfred/Streit, Gabriele: Deutsch/Kommunikation in der Altenpflege, 2. Auflage, Troisdorf, Bildungsverlag Eins, 2008.

Schleicher, Susann: Blickpunkt Sozialpflege, 2. Auflage, Troisdorf, Bildungsverlag Eins, 2009

Wilmes, Andrea: Basiswissen Sozialpädagogik für sozialpflegerische Berufe, Troisdorf, Bildungsverlag Eins, 2007.

Bildquellenverzeichnis

- Bilderbox/fotolia.com: Umschlag (links)
- MEV Verlag Augsburg: Umschlag (Mitte, rechts)
- Bildungsverlag Eins, Köln/Marina Richter, Saarbrücken: S. 3 (oben), 11 (unten), 12 (oben), 16, 19 (unten), 20, 32, 40, 46
- Wikimedia Commons: S. 3 (unten), 28
- Bildungsverlag Eins, Köln/Christian Schlüter, Essen: S. 5, 33
- Elenathewise/fotolia.com: S. 6 (oben)
- Hans-Jürgen Krahl/fotolia.com: S. 6 (unten)
- Interfoto/IMAGNO: S. 11 (oben)
- roxcon/fotolia.com: S. 12 (unten)
- vpublic/fotolia.com: S. 13
- picture-alliance/akg-images: S. 14
- picture-alliance/dpa: S. 15, 19 (oben)
- detailblick/fotolia.com: S. 17 (links)
- Dumitrescu Ciprian/fotolia.com: S. 17 (rechts)
- Bildungsverlag Eins, Köln/Elisabeth Galas, Bad Breisig: S. 19 (Mitte)
- Bildungsverlag Eins, Köln/Nadine Dilly, Oberhausen: S. 23, 44
- Interfoto/Archiv Friedrich: S. 25
- Bildungsverlag Eins, Köln/Björn Hänssler – bopicture: S. 29
- Bildungsverlag Eins, Köln: S. 31
- picture-alliance/ZB: S. 35, 39
- Bilderbox/Thening: S. 37
- ullstein bild – Imagebroker.net: S. 42
- Mauro Saivezzo/fotolia.com: S. 45